THÉATRE DU JEUNE ÂGE

Comédies Enfantines et Saynètes

PAR

Mme BELLIER (Marie KLECKER)

ILLUSTRATIONS DE MARCEL DE FONRÉMIS

DEUXIÈME ÉDITION

PARIS
PAUL OLLENDORFF, ÉDITEUR
28 *bis*, RUE DE RICHELIEU, 28 *bis*
1895

LIBRAIRIE PAUL OLLENDORFF

28 *bis*, Rue de Richelieu, Paris

L'Art de dire le Monologue, par COQUELIN aîné et COQUELIN cadet, *de la Comédie-Française*. 1 volume gr. in-18 . . . . 3 fr. 50

La Prononciation Française et la Diction, à l'usage des écoles, des gens du monde et des étrangers, par ALFRED CAUVET. 1 vol. in-18 . . . . 2 fr. 50

L'Art de bien dire, par H. DUPONT-VERNON, *de la Comédie-Française*. 1 vol. in-18 . . . . 3 fr.

La Diction et l'Eloquence, par ALPHONSE SCHELER. 1 vol. in-18 . . . . 1 fr. »

Disons des Monologues, par PAUL LHEUREUX. 1 vol. in-18. . . . . 3 fr. 50

Monologues Comiques et Dramatiques, par E. GRENET-DANCOURT. 1 vol. gr. in-18 . . . . 3 fr. 50

Déclamation. Ecole du mécanisme, par PAUL GRAVOLLET, *de la Comédie-Française*. 1 vol. in-18 . . . 2 fr.

Devant la Cheminée, par JULIEN BERR DE TURIQUE. 1 vol. in-18 . . . . 2 fr. 50

Théâtre à la Ville, comédies de cercles et de salons, par E. CEILLIER. 1 vol. in-18. . . . . 3 fr. 50

Théâtre de campagne, par E. LEGOUVÉ, E. LABICHE, H. MEILHAC, E. GONDINET, etc., etc. Ont paru les séries 1 à 8. Chaque série forme un vol. in-18 jésus. 3 fr. 50

Pour quand on est deux, par COLIAS. 1 vol. gr. in-18 . . . . 3 fr. 50

Théâtre d'Adolescents, par A. CARCASSONNE. 1 vol. gr. in-18 . . . . 3 fr. 50

Théâtre de Jeunes Filles, par A. CARCASSONNE. 1 vol. gr. in-18 . . . . 3 fr. 50

Imp. A. DELLIER et Cie, 7, Rue Baillif. — 1076-94.

THÉATRE DU JEUNE AGE

Comédies Enfantines et Saynètes

THÉATRE DU JEUNE AGE

Comédies Enfantines et Saynètes

PAR

Mme BELLIER (MARIE KLECKER)

ILLUSTRATIONS DE MARCEL DE FONRÉMIS

PARIS
PAUL OLLENDORFF, ÉDITEUR
28 *bis*, RUE DE RICHELIEU, 28 *bis*
1895

A mes fillettes chéries,

Marie-Charlotte

et Renée.

PRÉFACE

Le théâtre, on l'a dit de tout temps, est une école de mœurs, et la leçon vivante et personnifiée qui nous vient de la scène, a une autre portée que la morale en préceptes.

On peut ajouter que les représentations enfantines, dont l'attrait est si puissant, qui laissent de si vives impressions dans de jeunes imaginations, sont un excellent moyen d'enseignement et d'éducation.

Se trouver réunis pour apprendre un rôle, endosser un costume nouveau qui les transforme, c'est pour les enfants un plaisir et un jeu véritables.

En même temps qu'à bien dire, ils apprennent à bien se tenir, ils se pénètrent des sentiments de l'action à laquelle ils prennent part, et, le mot de la fin, la morale qui en découle, se grave dans leur cœur sans qu'ils s'en doutent.

N'est-ce point une des heures bénies de la famille que celle où elle assiste aux succès enfantins?

Quelle harmonie plus puissante que celle de ces voix fraîches! Quel mot plus piquant que celui qui sort de ces bouches roses où la gentillesse et la grâce du jeune âge ajoutent une valeur sans pareille!

L'écueil à éviter, en ces sortes de choses, c'est de ne jamais faire représenter aux enfants des personnages au-dessus de leur âge : il ne faudrait pas que l'interprétation enfantine devînt la parodie des grands acteurs.

Une petite pièce, jouée par des enfants, dirigée par la mère de famille ou par une sœur aînée, réussira toujours à mettre les cœurs en fête.

Notre but, en publiant ces pages, est d'inspirer aux âmes jeunes et tendres : l'amour filial, le respect des parents et des supérieurs, la générosité envers les petits et les humbles, la politesse à l'égard de tous, l'amour de la patrie, la charité inépuisable envers ceux qui souffrent et enfin le sentiment du devoir et l'obligation du travail.

Le Théâtre du Jeune Age *renferme, sous une forme variée, tout ce qui peut, à la fois, plaire aux enfants en les amusant, et leur faire du bien en les instruisant.*

Un certain nombre des pièces contenues dans cet ouvrage ont été interprétées par des enfants : fêtes de charité, fêtes mondaines, fêtes de famille, les ont vues, tour à tour, à la scène.

Le succès qu'elles ont eu, les encouragements flatteurs qui les ont accueillies en ont entraîné la publication.

Nous avons, à dessein, entremêlé de très courtes saynètes avec d'autres plus longues : les premières sont destinées à de très jeunes enfants et peuvent servir de levers de rideau.

Les détails de la mise en scène, qu'on trouvera peut-être minutieux, sont indiqués avec intention : nous avons pensé qu'ils seraient utiles aux petits interprètes et à ceux qui les guident.

Il est toujours facile de simplifier ou de supprimer quelque chose dans ce qui semblerait compliqué.

Si après avoir lu ces pages ou rempli quelques-uns des rôles qu'elles contiennent, le jeune et charmant public auquel l'ouvrage est destiné en garde quelque souvenir, si la petite leçon déguisée, *qui s'y cache, n'est pas perdue, notre vœu le plus cher sera réalisé.*

MARIE BELLIER-KLECKER.

Paris, 20 octobre 1894.

LE VIEUX MAITRE D'ÉCOLE ALSACIEN

COMÉDIE EN 2 ACTES

PERSONNAGES

Le père SCHMIDT, vieux maître d'école alsacien, 12 ans.

Mlle SCHMIDT, institutrice, fille du vieux maître d'école, 9 ans.

Mme CHAFFAUD, mère d'ALINE et de LOUIS, 10 ans.

ALINE, LOUIS, MARIE, EMILE, enfants de 6 à 7 ans, élèves de Mlle SCHMIDT.

GROS LOULOU, 3 ou 4 ans.

JOSÉPHINE, domestique, 8 ans.

LE VIEUX MAITRE D'ÉCOLE ALSACIEN

PREMIER ACTE

La scène représente une chambre à coucher. — Table sur laquelle seront posés : une petite coiffe alsacienne, des gants, des souliers, des bouquets; le tout un peu pêle-mêle et sans ordre.

SCÈNE PREMIÈRE

Mme CHAFFAUD, ALINE, LOUIS

Mme CHAFFAUD (achevant de natter les cheveux d'Aline).

Ne remue donc pas, Aline, je ne puis attacher le nœud de ruban de ta natte!

ALINE.

C'est que c'est bien long, maman! Nous allons être en retard; je suis sûre que les autres seront arrivés, avant nous, chez Mlle Schmidt

LOUIS (apportant son gilet à la main).

Maman, je ne sais pas ce qui m'empêche de passer les bras dans mon gilet? Il y a quelque chose qui accroche! C'est que nous ne sommes pas habitués à mettre ces costumes-là! Pourquoi donc que Mademoiselle a demandé qu'on nous habille en Alsaciens?

Mme CHAFFAUD.

Tiens! tu vas déchirer ton gilet! Ne tire pas si fort. C'est un bouton qui est pris par la boucle de derrière! Là! (Elle l'aide à mettre le gilet.) Passe ton bras, maintenant, et puis reste tranquille. Joséphine t'aidera tout à l'heure. Elle plisse le tablier blanc de ta sœur et elle va revenir, car je ne puis vous habiller tous les deux à la fois.

ALINE.

Oh! maman, Louis qui demande pourquoi nous sommes habillés en Alsaciens aujourd'hui? (Se tournant vers son frère.) Tu ne te souviens donc pas que Mademoiselle nous a raconté, l'autre jour, que son père avait été maître d'école en Alsace et que, le jour de sa fête, elle voulait lui faire une surprise, en nous demandant à tous de remplir le rôle de petits Alsaciens, pour lui rappeler son pays? Tu vois, j'ai plus de mémoire que toi!

LOUIS (se grattant l'oreille d'un air grognon).

Oui, les filles ont toujours de la mémoire quand il est question de mettre un costume nouveau!

ALINE.

En voilà, une vilaine idée! Eh bien, non, Monsieur, vous vous trompez. Si j'ai bonne mémoire, c'est parce que je suis contente de faire plaisir au père de Mlle Schmidt, parce que je l'aime beaucoup, notre chère maîtresse...

Mme CHAFFAUD.

A la bonne heure, ma petite Aline, tu as raison! Mais ton frère pense comme toi, seulement, il est étourdi et ne se souvenait plus de ce qu'on lui avait dit à l'école. (Elle pose le bonnet alsacien sur la tête d'Aline.) Tiens, te voilà une vraie petite Alsacienne! Regarde, Louis, comme cela lui va bien!

ALINE.

Mais il me manque le tablier, maman. Joséphine est bien longue, elle ne revient pas!... (La porte s'ouvre.) Ah! la voici!

SCÈNE II

LES MÊMES, JOSÉPHINE

JOSÉPHINE (avec un petit tablier de mousseline à la main).

Regartez, matemoiselle Aline, si c'est choli! Des plis aussi fins, ma parole, que ceux du rapat de fotre papa quand il met sa robe de président. Ah! je me suis tonné de la peine, allez! On n'est pas du pays pour rien et che peux tire que ch'en ai plissé des tapliers plans!... (Elle passe la veste à Louis.) Passez fotre pras, monsieur Louis! Ah! quel prafe homme que ce M. Schmidt! Nous sommes chuste de la même fillage et chez nous, foyez-fous, tout le monde le saluait chusqu'à terre.

Mme CHAFFAUD (riant).

Joséphine, Joséphine, ne mettez pas les enfants en retard. Si vous commencez à parler, vous savez... cela peut durer longtemps! Allez donc voir l'heure qu'il est à la salle à manger?

JOSÉPHINE.

Matame a raisson. Ch'y fas! (Elle sort.)

ALINE.

Maman, je prends mon bouquet à la main, n'est-ce pas?

LOUIS.

Moi aussi! (Il va devant la glace.) Aline, viens te regarder à côté de moi? (Aline s'approche.) De vrais petits Alsaciens! Le père Schmidt va pleurer de joie, j'en suis sûr! Où est donc mon bouquet?

Mme CHAFFAUD.

Le voilà, tiens-le bien et ne l'abime pas. (A Joséphine qui rentre.) Quelle heure, Joséphine?

JOSÉPHINE.

Matame, neuf heures moins un quart.

Mme CHAFFAUD.

C'est bien; c'est juste un quart d'heure pour vous

rendre au pensionnat de Mlle Schmidt. Aline, tu te rappelles bien la poésie que tu dois réciter?

ALINE.

Oh! oui, maman, je l'ai encore répétée ce matin, dans mon lit.

LOUIS.

Et moi, à force de l'entendre, je la sais aussi; si elle oublie, je lui soufflerai.

JOSÉPHINE (se dirigeant vers la porte).

Mam'zelle Aline, Monsieur Louis, che pars!...

Mme CHAFFAUD.

Adieu, mes enfants. (Elle les embrasse.)

ALINE ET LOUIS.

Adieu, maman.

Mme CHAFFAUD.

Vous me raconterez cette petite fête, mes chéris, et surtout vous me direz si Mlle Schmidt a été contente et si la surprise préparée a bien réussi? Au revoir! Ne laissez pas tomber vos bouquets en route. (Elle les accompagne en retouchant quelque détail de leur toilette, jusqu'à la porte.) Au revoir!

(La toile se baisse.)

FIN DU PREMIER ACTE

DEUXIÈME ACTE

La scène représente l'intérieur d'une classe. Les bancs et les pupitres auront été enlevés, mais les cartes resteront accrochées au mur. Un fauteuil à gauche; des fleurs, des branchages. Au-dessus du fauteuil, l'écusson aux armes de l'Alsace avec une banderole portant cette inscription : « Vive l'Alsace! »

SCÈNE PREMIÈRE

Mlle SCHMIDT (seule, allant et venant, très agitée, changeant deux ou trois fois les pots de fleurs de place).

Pauvre père! Va-t-il être content tout à l'heure! Quand il va voir mes chers petits élèves dans leurs costumes, il se croira revenu au temps de sa jeunesse. Il s'imaginera revoir les siens, ses élèves à lui, dont il me parle si souvent et qui ne manquaient jamais, le jour de sa fête, de lui offrir une belle pipe, avec un bouquet de *vergiss-mein-nicht,* et de lui réciter un compliment. (Elle s'arrête.) Ah! j'ai cru entendre la cloche d'entrée. Non, ce n'est rien. (Elle regarde à sa montre.) D'ailleurs, il est à peine l'heure. Mon impatience me fait trouver le temps long. (Elle va s'asseoir dans le fauteuil.) C'est un jour bien heureux pour moi, que celui-ci! Je vais pouvoir donner un instant de bonheur à mon père! Toutes les joies de ma vie, ne les ai-je pas eues par lui? Je n'avais pas de mère; il a été pour moi un père et une mère. Il m'a appris à lire; il m'a enseigné tout ce que je sais. C'est grâce à lui, parce qu'il m'a fait aimer le travail, que j'ai pu arriver à diriger cette belle institution; et toute cette estime dont je suis entourée, je la dois à sa présence auprès de moi. Les parents de mes petits élèves le saluent avec tant de sympathie et de respect quand ils le rencontrent! Aussi, je n'ai pas eu de peine à obtenir ce que j'ai demandé pour sa fête... Ah! cette fois, je ne me trompe pas, c'est bien la cloche... Voici les enfants qui vont arriver.

SCÈNE II

Mlle SCHMIDT, ALINE, LOUIS, PUIS LES AUTRES ENFANTS.

ALINE ET LOUIS (entrant en tenant leurs bouquets et allant embrasser Mlle Schmidt).

(Ensemble.) Bonjour, Mademoiselle!

Mlle SCHMIDT.

Bonjour, Aline; bonjour Louis. Laissez-moi vous regarder. Mais c'est à peine si je vous reconnais!... Les jolis costumes! Que Mme Chaffaud est donc

1.

bonne d'avoir ainsi accédé à mon désir! Savez-vous bien votre poésie, ma petite Aline?

ALINE.

Je crois que oui, mademoiselle.

LOUIS.

J'entends la cloche d'entrée...

Mlle SCHMIDT (allant au-devant de Marie qui entre).

Ah! c'est ma petite Marie!... (A part.) La chère mignonne! (Elle aperçoit Emile qui ouvre la porte.) C'est Emile, je crois? (Elle rit.) Mon Dieu! comme ce costume le change!

ALINE (battant des mains et apercevant Gros Loulou).

Oh! mademoiselle, regardez donc Gros Loulou?

Mlle SCHMIDT (à Gros Loulou qui fait son entrée).

Gros Loulou! (Elle le serre dans ses bras.) Oh! mon cher Gros Loulou! Un vrai bébé d'Alsace! Vous êtes tous là, maintenant (1)? Il ne manque plus personne, je crois?

EMILE.

Non, Mademoiselle, il n'y a que mon cousin Robert qui n'est pas venu, parce qu'il a la rougeole.

(1) On pourra mettre autant d'enfants qu'on voudra sur la scène. Pour cela, il n'y aura qu'à faire entrer avec chaque petit acteur qui apparaît sur cette scène, d'autres petits garçons et petites filles qui seront autant de personnages muets.

Mlle SCHMIDT.

Le pauvre Robert! Oh! mais ce soir nous lui ferons emporter un petit souvenir de la fête. Allons, placez-vous maintenant. Comme ceci! (Elle les fait ranger sur un des côtés de la scène, afin que les enfants soient vus de profil et ne tournent pas le dos au public.) Je vais me mettre dans le fauteuil pour bien vous voir. Aline, là, au milieu des autres, et Gros Loulou, à côté d'elle, tiendra le bouquet, pour qu'elle ait les mains libres. Restez comme cela; maintenant, je vais chercher mon père. (Elle sort.)

ALINE (à Louis).

N'oublie pas de me souffler, Louis?

MARIE.

Moi aussi, Aline, si vous ne vous rappelle plus, je vous soufflerai.

GROS LOULOU.

Qu'est-ce qu'il va dire, le monsieur?

EMILE (riant).

Il nous embrassera tous, Gros Loulou! Et si tu es sage, il te donnera du bonbon.

ALINE.

Chut! J'entends la voix de Mademoiselle. Les voici!

SCÈNE III

LES MÊMES; Mlle SCHMIDT, LE PÈRE SCHMIDT.

LE PÈRE SCHMIDT (s'arrêtant sur la porte l'air étonné et émerveillé).

Que vois-je?... Qu'est-ce que cela?... (A sa fille.) Marie!... Ces enfants!... Mais on dirait ceux de Blümenthal, mes élèves d'autrefois?

Mlle SCHMIDT (le poussant doucement vers le fauteuil).

Ils leur ressemblent, n'est-ce pas, mon père? Oh! ce sont de gentils enfants aussi, allez! Mais asseyez-vous là, dans le fauteuil, et si vous le voulez bien, écoutez-les un instant? Je crois qu'ils ont quelque chose à vous dire. (A demi-voix à Aline.) Commencez Aline.

ALINE (faisant la révérence).

On nous a dit que dans un beau village,
Près d'un chemin bordé de peupliers,
Au temps jadis, de petits écoliers
Venaient chez vous lorsqu'ils avaient notre âge.
Ils aimaient bien vos aimables leçons,
Quand vous disiez aux filles, aux garçons,
En leur parlant d'avenir, d'espérance :
« Mes chers petits, grandissez pour la France! »

Ils écoutaient pleins de respect toujours
Le moindre mot de ce simple discours,
Mais ce mot-là devait laisser sa trace
Chez les enfants, dans ce coin de l'Alsace!...
. . . .

Parmi les toits heureux que Dieu bénit
On cite ceux où l'oiseau fait son nid.
Une cigogne arrivait, chaque année,
Poser le sien sur votre cheminée.
C'était partout la tendresse et l'amour
Et les petits s'envolaient, tour à tour :
Ceux de l'oiseau, puis, ceux du tendre maître,
Qui les suivait longtemps de sa fenêtre...
. . . .

Hélas! un jour, les enfants, les oiseaux,
Tout disparut. Le plus grand des fléaux,
La guerre vint. Au village d'Alsace,
On se battit... Plus de nid, plus de classe,
Où donc aller?... On dit que bien longtemps,
Peut-être, au moins, pendant plus de vingt ans,
Il a pleuré, le vieux maître d'école!
Mais quelquefois le souvenir console,
Et Dieu permet à nos regards charmés
De retrouver les objets tant aimés!
. . . .

Rappelez-vous, ce soir, le beau village,
Près du chemin bordé de peupliers,
Rappelez-vous vos petits écoliers!
Regardez-nous! N'avaient-ils pas notre âge?
. . . .

Maître, voyez, là-bas, dans l'avenir.
A son doux nid l'oiseau veut revenir.
Il a germé, votre grain d'espérance,
Et nos aînés ont grandi pour la France.

Nous, les petits, nous vous offrons ces fleurs;
Vous devinez nos vœux à leurs couleurs :
Un jour, l'école, au village d'Alsace,
Comme autrefois, juste à la même place,
Se dressera, c'est moi qui vous le dis :
Les voix d'enfant viennent du Paradis!

(Les enfants s'avancent en tendant leurs bouquets).

LE PÈRE SCHMIDT (qui a plusieurs fois tiré son mouchoir et essuyé ses yeux fait un signe de la main).

Attendez!... Attendez, mes enfants... Mon émotion est si vive!... Je me sens si heureux!... Oh! merci!... Je ne croyais pas dans ma vie éprouver encore une pareille joie. (Il tend les bras.) Oh! venez tous, près de moi, que je vous embrasse. Le baiser d'un vieillard porte toujours bonheur. (Pendant qu'il embrasse les enfants qui lui offrent leurs bouquets, Mme Chaffaud, un bouquet à la main, suivie de sa domestique Joséphine, entrent doucement dans la salle par une des portes de côté.)

SCÈNE III

LES MÊMES, Mme CHAFFAUD, JOSÉPHINE

Mme CHAFFAUD (s'approchant de Mlle Schmidt et lui faisant un signe de la main).

Chut! Ne faites pas attention à moi! Je n'y ai pas tenu, j'ai voulu venir un instant. Mais qu'on ne s'aperçoive pas que je suis là. (A Joséphine.) Joséphine, n'avancez pas!

Mlle SCHMIDT.

Je vous laisse, alors! (Elle les quitte pour aller aider son père à prendre les bouquets qu'elle pose sur un petit guéridon à côté de lui. Puis elle se tient derrière son fauteuil et les enfants se mettent en cercle autour de lui.)

LE PÈRE SCHMIDT (d'une voix émue, un peu cassée).

Oui, mes enfants, aujourd'hui, en ce moment, en vous voyant, en vous écoutant, je crois être encore au milieu de ma chère école de Blümenthal. Oui, ils avaient votre âge; ils portaient ce costume. (En les montrant.) Ils étaient charmants comme vous et le jour de ma fête ils venaient m'offrir des bouquets de ces jolies fleurs bleues que vous avez si bien choisies, et qui signifient : « *Ne m'oubliez pas!* » Ah! la France et l'Alsace ne peuvent pas s'oublier!... Il me semble les voir, l'une tendant les bras et l'autre toujours prête à s'y jeter! (Il montre dans le lointain.) Chers petits, je suis bien vieux déjà, mes cheveux sont tout blancs; mais vous me l'avez dit, et je veux le croire, oui, Blümenthal reverra une école française!... Et moi, en attendant ce beau jour, je répète : Vive la France!

TOUS LES ENFANTS.

Vive l'Alsace! Vive l'Alsace! (Les garçons lèvent leurs chapeaux.)

JOSÉPHINE (s'avançant vers Mlle Schmidt).

Matemoiselle, tous les parents tes enfants sont à la porte avec des pouquets. Ils feulent tous foir fotre père. (Au public.) Oh! paufres prafes chens de chez nous, si fous foyiez comme on aime l'Alsace ici!

Mlle SCHMIDT (à son père).

Venez, mon père, cette salle est trop petite, nous irons au-devant d'eux.

LES ENFANTS (entourant le père Schmidt et le suivant).

Vive! Vive le maître d'école alsacien!

(La toile se baisse.)

FIN DU DEUXIÈME ET DERNIER ACTE

LE PETIT MAGICIEN

SAYNÈTE EN 1 ACTE

PERSONNAGES

LE MAGICIEN, 10 ans. | PETIT COLAS, 4 ans.
PETITS GARÇONS et PETITES FILLES, 5 à 8 ans.

Un petit garçon habillé avec une longue robe, coiffé d'un chapeau pointu, tenant une petite baguette à la main, s'avancera sur la scène en chantant le premier couplet; les autres enfants se tiendront en cercle autour de lui.

LE MAGICIEN (chantant).

AIR : *La Boulangère a des écus.*

Je suis un petit magicien
Qui désire vous plaire;
Je dis le mal, je dis le bien
Sans demander salaire
Et pour rien,
Sans demander salaire.

Avancez, avancez, mes enfants! Par ma baguette magique, je vous connais tous! Je vois ceux qui sont sages, studieux, aimables, obéissants. Je lis dans le cœur des menteurs; je devine les gourmands, les désobéissants, et je sais d'avance ce que vous serez plus tard.

UNE PETITE FILLE (s'avançant timidement).

Monsieur le Magicien, est-ce que votre baguette ne connaît que les petits garçons; elle ne connaît pas les petites filles?...

LE MAGICIEN.

Ma baguette connaît les petites filles aussi bien que les petits garçons : elle vous apprendra tout à l'heure le nom des petites filles coquettes, de celles qui sont curieuses, désobéissantes, volontaires, capricieuses; puis aussi le nom de celles qui sont bonnes, douces, généreuses et aimables.

UN PETIT GARÇON (tendant la main).

Monsieur le magicien, commencez par moi. Je n'ai pas peur, tenez voilà ma main. Qu'y voyez-vous?

LE MAGICIEN.

Ah! ah! J'y vois d'abord des taches d'encre, ce qui me prouve que vous êtes un petit garçon étourdi et peu soigneux. Par ma baguette! Je veux que vous vous corrigiez de ce défaut. Quand vous aurez longtemps écrit et dessiné sans faire de taches, vous pourrez devenir un architecte fameux. Vous ferez les plans d'une église, d'un théâtre, d'une maison d'école, et votre nom sera célèbre un jour!

UNE PETITE FILLE.

Par votre baguette, dites-moi ce que je deviendrai?

LE MAGICIEN.

Je lis dans vos yeux, mieux que dans votre main, que vous êtes très curieuse. Vous voulez tout savoir, vous questionnez sans cesse; mais, ce qui est plus grave, vous écoutez quelquefois aux portes et vous ouvrez les boîtes qui ne vous appartiennent pas pour voir ce qu'il y a dedans. Il est permis d'être curieux pour apprendre, pour s'instruire. D'un coup de ma baguette, je change votre défaut, qui deviendra une qualité. Lorsque vous serez grande, votre curiosité vous servira à voir tous les détails de votre ménage, à ne pas laisser de trous, ni de taches dans vos vêtements, à trouver les boutons qui manquent aux chemises de votre mari, à surveiller les légumes, les fruits, le poisson, enfin, tout ce que votre cuisinière rapportera du marché, et, de cette façon, vous serez une excellente maîtresse de maison.

TOUS LES ENFANTS (chantant et dansant en rond autour du magicien).

Vraiment, ce petit magicien
A le don de nous plaire;
Il dit le mal, il dit le bien
Sans demander salaire,
Et pour rien,
Sans demander salaire.

LE MAGICIEN (s'adressant à un tout jeune enfant occupé à manger une brioche).

Le petit Colas ne me demande rien? Il est trop occupé avec sa brioche! Pourtant je veux lui dire que ma baguette a deviné qu'il deviendrait pâtissier plus tard et qu'il ferait de bonnes affaires, s'il ne mange pas lui-même tous ses gâteaux.

UN PETIT GARÇON.

Dis donc, petit Colas, tu m'en vendras de tes gâteaux?

DEUX OU TROIS ENFANTS.

A nous aussi, le dimanche! Tu ne nous les feras pas payer trop cher?

UNE PETITE FILLE.

Et surtout, tu nous les vendras frais du jour?

LE PETIT COLAS.

Oui, mais si je vous vends tout, je n'en aurai plus pour moi! Est-ce que je ne pourrai pas en garder deux ou trois?

LE MAGICIEN.

Oh! si! (Chantant).

Un gâteau, c'est permis, Colas,
L'enfant prudent et sage
Peut voir biscuits et chocolats
Sans manger davantage,
    N'est-ce pas?
Sans manger davantage.

(Tous les enfants reprennent ce couplet en chœur et en dansant en rond autour du magicien).

UN PETIT GARÇON.

Mais, monsieur le Magicien, votre métier est un bon métier et puis, très amusant puisqu'on sait tout. Comment pourrions-nous faire pour devenir des magiciens aussi?

LE MAGICIEN.

Pour cela, mes amis, il faut surtout écouter les leçons de vos parents et de vos maîtres, car alors vous saurez beaucoup de choses et vos petits défauts se changeront en bonnes qualités. Rappelez-vous toujours ceci : *Les vrais magiciens, en ce monde, sont*

ceux qui sont instruits et savent se faire aimer.
(Chantant) :

Devenez tous des magiciens
Avec le don de plaire :
C'est le premier de tous les biens,
C'était le savoir-faire
    Des anciens,
C'était leur savoir-faire.

TOUS LES ENFANTS (chantant et dansant en rond).

Devenons tous des magiciens
Avec le don de plaire :
C'est le premier de tous les biens,
C'était le savoir-faire
    Des anciens,
C'était leur savoir-faire.

(La toile se baisse.)

TOUS MUSICIENS

COMÉDIE EN 3 ACTES

PERSONNAGES

L'ONCLE JÉROME, 12 ans.

Mme DELORME, sa nièce, 8 ans.

ROBERT, GASTON, MARIE, JEANNE, enfants de Mme DELORME, de 4 à 6 ans.

SÉRAPHINE, soubrette, 9 ans.

TOUS MUSICIENS

PREMIER ACTE

La scène se passe dans un salon encombré d'instruments de musique : piano, guitare, violon, flûte, boîte à musique sur une table. Contre-basse dans un coin. On pourra faire figurer tout ce que l'on voudra dans cette collection.

SCÈNE PREMIÈRE

SÉRAPHINE (un plumeau à la main, époussette la guitare. Elle se retourne brusquement).

Quelle patience! Seigneur! Mon Dieu! Il en faut, ah! oui, il en faut. Je le dis et je le répète tous les jours, pour enlever la poussière de ces machines à musique! Et Monsieur, qui est bon comme du pain, pour tout le reste, devient terrible lorsqu'il s'agit de toute cette boutique! (Elle montre d'un geste les instruments de musique. Imitant la voix de son maître). « Séraphino! ton plumeau! il y a encore de la poussière sur mon violon! Séraphino, où as-tu mis tes yeux? Regarde mon piano, on écrirait dessus avec les doigts. » Tous les jours, c'est le même refrain! Et pourtant, j'en fais de la gymnastique avec mon plumeau sur toutes ces mécaniques!

SCÈNE II

LA MÊME, L'ONCLE JÉROME

L'ONCLE JÉROME. (Il entre en robe de chambre à ramages, avec un bonnet de coton, noué en fontange, tenant dans la main une cage avec un canari et de l'autre, une petite flûte, qui sert à apprendre des airs aux oiseaux.)

(Avec douceur.) C'est charmant, charmant, en vérité! Je ne crois pas qu'il y ait d'élève plus docile et plus intelligent que mon petit Lindor, mon joli canari. L'autre jour je lui ai répété deux fois l'air que vous connaissez : « *Bon voyage! Monsieur Dumollet!* » Immédiatement il l'a répété... C'est charmant, charmant. (Il pose la cage sur un petit guéridon près de la fenêtre et prend sa flûte. Aujourd'hui nous allons essayer *Fanfan la Tulipe*.

SÉRAPHINE (qui est restée cachée derrière un rideau, se montre tout à coup).

Monsieur sait-il qu'il est bientôt midi?

L'ONCLE JÉROME.

Tiens! Tu étais là? D'où sors-tu donc? Allons, un peu de patience, ma fille; mon déjeuner attendra bien quelques instants! La musique est l'harmonie de la vie, et toi, tu viens sans cesse troubler cette harmonie.

SÉRAPHINE.

Monsieur a bien facile de parler. Il faut manger pourtant! Moi je n'entends rien à ces harmonies-là! Seulement, je sais bien quand mon fricot est brûlé à force d'avoir attendu... Monsieur ne tient pas à manger du charbon, je suppose?...

L'ONCLE JÉROME (distrait et levant son doigt vers l'oiseau.)

Regarde, regarde; il bat des ailes; il frémit!... il va chanter.

SÉRAPHINE (brusquement).

Monsieur, on sonne! Laissez-moi aller ouvrir. (Elle se sauve.)

L'ONCLE JÉROME (levant les yeux au ciel).

Voilà, c'est fini! Elle lui a fait peur. Il ne chantera pas! Quel malheur de voir des êtres aussi insensibles, aussi grossiers!... Je n'aurai donc jamais autour de moi quelqu'un qui puisse me comprendre?... (Il va prendre son violon et se dispose à jouer.)

SÉRAPHINE (entrant brusquement une dépêche à la main).

Une dépêche pour Monsieur!

L'ONCLE JÉROME.

Ah! tiens, j'avais oublié!...

SÉRAPHINE.

Quoi donc?

L'ONCLE JÉROME.

Ce doit être de ma nièce. Elle m'avait écrit dernièrement qu'elle allait venir passer quelque temps avec moi, mais qu'elle m'aviserait, le jour même, par une dépêche, de l'heure de son arrivée... Je l'avais complètement oublié.

SÉRAPHINE.

Monsieur n'en fait jamais d'autres?

L'ONCLE JÉROME.

Donne-moi mes lunettes!

SÉRAPHINE.

Bon! où sont-elles? (Elle cherche.) Ah! dans la boîte à violon!

L'ONCLE JÉRÔME (il met ses lunettes, ouvre la dépêche et lit à haute voix).

Arriverai sans faute aujourd'hui trois heures avec enfants. (Il pousse un soupir.) Ah! les enfants! Quatre enfants! Voilà ce qui me fait peur. Ma chère nièce, je l'aime beaucoup, j'aurai grand plaisir à la revoir, mais les enfants!... Qu'allons-nous en faire?

SÉRAPHINE.

Si monsieur m'en croit, nous devrions d'abord mettre sous clef toutes les machines à musique?

L'ONCLE JÉRÔME (l'air furieux).

Qu'est-ce que tu oses appeler les machines à musique?

SÉRAPHINE.

Eh bien, votre violon, quoi! Votre piano, votre flûte et tout ce qui s'ensuit. Ça sera du joli, si les enfants se mettent à taper sur tout ça!... Ils vont casser, abîmer... et ça se comprend! (A part.) J'en ferais autant, moi! Si seulement il se décidait, ça me reposerait un peu d'essuyer la poussière!

L'ONCLE JÉRÔME.

C'est bon! c'est bon. Je préviendrai ma nièce. Ses enfants doivent être des enfants bien élevés et ils auront quelque respect pour les goûts de leur vieil oncle. Nous verrons, nous verrons. En attendant, tiens les chambres prêtes et allons déjeuner. (Il s'arrête près du piano et touche avec son doigt.) Séraphine, tu n'as donc pas essuyé le piano? Est-ce pour mettre ma patience à bout que tu me fais répéter cela tous les jours?

SÉRAPHINE (passant le plumeau avec violence sur le piano).

(A part.) Je sais à qui il en faut de la patience, moi!

L'ONCLE JÉROME (Il s'est rapproché de l'oiseau et prend sa serinette).

Je serais si content de l'entendre chanter comme l'autre jour... *Petit Lindor!*

SÉRAPHINE.

Ah! çà, Monsieur veut donc que Mme Delorme et les enfants le trouvent ici près de la cage?

L'ONCLE JÉROME.

(Très doucement.) Tu as raison, cette fois. Le train arrive à trois heures. Je n'ai que le temps de déjeuner, de m'habiller et puis d'aller au-devant d'eux. (Il va vers la porte et s'arrête.) Je me demande si ma nièce aura fait commencer la musique aux enfants?

SÉRAPHINE (à part).

Il ne manquerait plus que ça! Ce serait à se sauver ma parole.

L'ONCLE JÉROME.

Quelle musique peuvent faire des enfants de cet âge? (Il se gratte l'oreille.) Je me le demande? Mozart composait des sonates à cinq ans.

SÉRAPHINE.

(A part.) Quelle musique ils feront? C'est malin à deviner! La musique du diable, pardi! (Elle ouvre la porte, laisse passer son maître devant elle et fait un geste de défi avec son plumeau.)

(*La toile se baisse*).

FIN DU PREMIER ACTE

DEUXIÈME ACTE

La scène représente une salle à manger, la table dressée et le couvert mis. Sur une console, on verra figurer de petits pots de crème, des pâtisseries variées.

SCÈNE PREMIÈRE

L'ONCLE JÉROME, Mme DELORME, LES ENFANTS

L'ONCLE (tenant à la main les couvertures de voyage et un sac).

Par ici, mes enfants; par ici, ma nièce. Nous traversons la salle à manger pour aller à vos chambres.

Mme DELORME (en costume de voyage, tenant à la main un carton à chapeau).

Ah! mon cher oncle, je crois que vous voulez nous donner un avant-goût des excellentes choses que vous allez nous faire manger.

LES ENFANTS (entrant, un paquet à la main; le plus jeune tiendra le paquet de parapluies).

Oh! quelle bonne odeur de crème au chocolat!

SCÈNE II

LES MÊMES, SÉRAPHINE (elle entre en apportant une grande tarte aux fruits).

ROBERT.

Oh! la belle tarte!

Mme DELORME.

Que de gâteries, mon oncle! Vous voulez à tout prix séduire mes enfants, je le vois!

SÉRAPHINE (posant la tarte sur un meuble).

Si monsieur voulait aller à la cave à présent, pour ne pas nous faire attendre? Pendant ce temps j'accompagnerais madame et les enfants dans leurs chambres.

L'ONCLE JÉROME

Tu crois? Comme tu voudras. Alors prend ma canne et mon chapeau. Donne-moi les clefs et la lanterne?

SÉRAPHINE.

Je les ai là, monsieur, dans l'office. (Elle lui donne la lanterne et les clefs qu'elle va prendre en ouvrant une por[illegible]. Voilà votre calotte, monsieur, car il fait frais à la cave et vous pourriez vous enrhumer.

L'ONCLE JÉROME

C'est cela, je mettrai ma robe de chambre en remontant. A tout à l'heure, ma nièce. (Il sort.)

Mme DELORME.

Quel excellent homme que mon oncle! Constamment occupé à faire plaisir aux autres. Est-ce qu'il aime toujours la musique?

SÉRAPHINE (levant les bras au ciel).

S'il l'aime! C'est-à-dire, madame, qu'il en perd la tête. Cela passe les bornes!... Car madame peut croire qu'il y aurait de quoi faire enrager un saint ici! Quand ce n'est pas la flûte, c'est le piano qui marche; quand ce n'est pas le piano, c'est le violon, et puis la grosse machine qui tient tant de place, vous savez?

MARIE (riant).

Ah! oui, le violoncelle!

SÉRAPHINE.

Enfin, Madame verra si c'est amusant de vivre auprès de quelqu'un qui a des manies comme monsieur! Il ne faudra pas, par exemple, que les enfants se permettent de toucher à toutes ses machines à musique!

GASTON (riant).

Ah! ah! des machines à musique!

Mme DELORME (sérieusement).

Mes enfants sauront respecter les goûts de leur oncle et ils apprendront à aimer tout ce qu'il aime. Quand à vous, ma brave fille, je vous souhaite de rencontrer jamais un autre maître aussi bon que le vôtre!

SÉRAPHINE.

Madame a peut-être raison!... Mais la patience me manque quelquefois, et alors la langue me démange... Pourtant, allez, je ne suis pas mauvaise fille au fond!... Mais dépêchons-nous, j'entends monsieur qui remonte l'escalier. (Ils sortent par une porte, l'oncle arrive par l'autre.)

SCÈNE III

LES MÊMES, L'ONCLE JÉROME

L'ONCLE JÉROME (déposant son panier de bouteilles et regardant l'étiquette d'une bouteille).

Voilà une bouteille de Bordeaux qui va faire merveille pour l'estomac de mes voyageurs. Je croyais ne plus en avoir, je suis enchanté d'avoir retrouvé celle-là. (Il la pose sur la table.) Là, ici, près de ma nièce! (Les enfants et Mme Delorme reviennent débarrassés de leurs vêtements de voyage. L'oncle s'élance au-devant de sa nièce en lui offrant le bras.) Ma chère nièce, mettons-nous à table. Vous allez prendre la place de la maîtresse de maison, en face de moi. Mes enfants, asseyez-vous, ici, deux à droite et deux à gauche, à chaque bout de la table. Le voyage a dû vous donner de l'appétit? (Séraphine entre portant la soupière; elle aura une robe de chambre sur un bras.) Monsieur va mettre sa robe de chambre?

L'ONCLE JÉROME.

Non, pas maintenant; pose-la sur une chaise. Ma nièce me permettra de l'endosser après dîner.

Mme DELORME.

Mais, mon oncle, je vous en prie, ne vous gênez pas pour moi! mettez-la tout de suite.

L'ONCLE JÉROME.

Non, non, je suis bien ainsi. (Il sert le potage dans les assiettes, que Séraphine place à mesure devant chaque convive. Le canari se met tout à coup à chanter. On imitera ce chant dans la coulisse).

JEANNE.

Oh! comme il chante bien, votre oiseau, mon oncle!

L'ONCLE JÉROME (d'un air ravi).

Tu trouves, n'est-ce pas, chère enfant? Mais ce que tu ne sais pas, c'est qu'on peut lui apprendre de petits airs au moyen d'un instrument qui s'appelle une *serinette*. Je te ferai voir cela.

ROBERT.

Vraiment, mais ce doit être charmant? Quand vous m'aurez montré, c'est moi qui lui sifflerai de petits airs, si vous voulez, mon oncle?

L'ONCLE JÉROME.

Viens m'embrasser, petit! Je vois que tu aimes la musique. Tu me comprendras, toi au moins! Ma nièce, est-ce que tous vos enfants sont aussi bien doués que celui-ci?

Mme DELORME (riant).

Ils aiment tous la musique, oui, mon oncle, et moi je l'adore!

L'ONCLE JÉROME (se frottant les mains).

Oh! toi, je le savais, tu n'es pas ma nièce pour rien!... Mais je craignais que tes enfants ne fussent rebelles (avec emphase) aux charmes de cet art divin. Après le dîner, je te ferai entendre quelques morceaux sur mon Stradivarius. (Séraphine laisse tomber une pile d'assiettes.)

SÉRAPHINE (à part).

Voilà que ça commence!!! Quelle famille, mon Dieu! quelle famille! (Elle se baisse pour ramasser les débris cassés.) J'ai trébuché dans ce maudit plancher!...

L'ONCLE JÉROME (très doucement).

Ce n'est rien, ma fille! ce n'est rien! Tu ne t'es pas fait mal, c'est l'essentiel. Séraphine, je te recommande mes instruments. Passe une revue avant que nous allions au salon?... Pas un brin de poussière, tu m'entends?

SÉRAPHINE.

Oui, Monsieur. (A part.) Ah! cette maudite pous sière!

ROBERT.

Mon oncle, j'ai commencé le piano, et mes sœurs aussi. Gaston joue déjà un peu du violon.

L'ONCLE JÉROME (en extase).

Pas possible! Mais, ça va être le paradis ici!

SÉRAPHINE (furieuse).

Le paradis! Une boîte à musique! — C'est infernal! (Elle prend un plumeau et le brandit en l'air.) Je vas faire un tour pour la poussière... Monsieur attendra...

L'ONCLE JÉROME (doucement).

Va, ma fille, nous attendrons.

Mme DELORME.

Mais oui, nous attendrons en causant. (Ils se remettent à manger.)

(La toile se baisse.)

FIN DU DEUXIÈME ACTE

ACTE III

SCÈNE PREMIÈRE

ROBERT, GASTON, MARIE, JEANNE

Les enfants seront assis tout à fait sur le devant de la scène, occupés à regarder ensemble un album de photographies. Un second rideau, qui se lèvera à la scène suivante, cachera le fond de la pièce.

GASTON.

Regarde donc, Marie, cette jolie vue du lac de Genève! Il me semble y être encore! Quel beau voyage que ce voyage de Suisse! Bon! tu tournes la tête de l'autre côté maintenant; cela ne t'intéresse plus?...

MARIE.

Si, si, beaucoup, je t'assure; mais je pense à quelque chose...

JEANNE.

A quoi donc? Dis-le vite!...

MARIE.

Je trouve que nous sommes bien heureux chez mon oncle... Comme il est bon pour nous et comme il est aimable pour maman. Nous nous sommes beaucoup amusés pendant notre voyage de Suisse, mais nous étions toujours entourés d'étrangers, tandis qu'ici nous nous sentons aimés et c'est si doux.....

ROBERT.

Oh! Marie a raison; si l'oncle de maman n'était pas si vieux, par moment, je croirais que c'est notre père, que nous avons si peu connu, et qui, tout à coup revient pour aimer et choyer ses enfants; tant il nous témoigne d'affection!

JEANNE.

L'autre jour, à la foire, il a voulu nous faire à chacun un cadeau. Moi, je veux garder toujours le petit ménage qu'il m'a donné.

GASTON.

Ma foi, si nous avions écouté les jérémiades de Séraphine, nous aurions pu nous croire bien à plaindre de venir chez notre oncle. Je trouve qu'il a joliment raison d'aimer la musique, et, ce qu'elle appelle *ses manies,* ne m'ennuie pas du tout, moi, et vous?

ROBERT (riant).

C'est cette poussière à essuyer qui agace sa gouvernante.

MARIE.

Oh! d'abord, moi, je veux demander à maman de

me confier un petit plumeau et je m'en chargerai de la poussière. C'est moi qui aurai soin du piano, du violoncelle, de la flûte, enfin, de tous les chers instruments de mon oncle.

JEANNE (vivement).

Vous ne savez pas l'idée qui me vient tout à coup? Pendant que mon oncle dort si nous lui donnions un petit concert? Moi, je jouerai mon morceau à quatre mains avec Marie, Robert sa sonate, Gaston son morceau de violon, et, pour finir, nous lui chanterons la jolie barcarole que nous avons apprise avec maman. Ça y est-il?...

GASTON.

Ça y est! C'est parfait. Seulement nous allons réveiller mon oncle, tu n'y a pas pensé?

JEANNE.

Si, si, j'y ai pensé! Mais qu'est-ce que ça fait, ce sera un réveil en musique, il en sera ravi!... Le salon est justement à côté de la chambre où il dort; allons vite préparer notre petit concert.

MARIE.

Maman ne nous grondera pas, au moins?

ROBERT.

Non, non, sois tranquille; cela lui fera plaisir, au contraire.

GASTON.

Ce qui m'amusera, par exemple, ce sera de voir la tête de Séraphine!

JEANNE.

Courons, dépêchons-nous! — Venez?...

(Ils se sauvent tous les quatre en courant. Aussitôt qu'ils ont disparu, le second rideau se relève et l'on aperçoit l'oncle Jérôme, étendu dans un fauteuil, en robe de chambre, avec son bonnet de coton noué par un ruban.)

SCÈNE II

L'ONCLE JÉROME (seul. Il se retourne, et parle en dormant).

La musique!... art divin!... charmant!... (Il se retourne encore.) Ah! la musique!... (A ce moment on entendra jouer à côté soit du piano, soit du violon, tel morceau que l'on voudra et qui s'exécutera dans la coulisse.) Quelle ravissante musique! (Il redresse la tête, puis retombe endormi. La musique continue un instant. L'oncle Jérôme se frotte les yeux de nouveau.) Tiens, c'est singulier! J'ai dormi, je crois, et j'ai rêvé probablement. (La musique cesse un instant.) Oh! j'ai fait un rêve délicieux... J'entendais un air de violon très doux, très harmonieux... Mais je ne voyais pas le musicien... et, je ne sais pourquoi, dans mon rêve, il me semblait qu'il devait être très jeune, presqu'un enfant!

Oh! si je connaissais un enfant jouant comme cela?... (La musique reprend en sourdine et répète la ritournelle de la barcarole. L'oncle Jérôme se dresse, très surpris et écoute. Ah! ça, je ne rêve pas!... Je suis bien éveillé! (Les enfants, dans la coulisse, chantent le couplet d'une barcarole au choix.)

L'ONCLE JÉROME (passant les mains sur son front).

Quelle surprise délicieuse! Mais d'où sortent donc ces voix fraîches et pures?... Qui chante ainsi tout près de moi? (Il fait quelque pas vers la porte.)

LES ENFANTS (se montrant tout à coup à la fin du couplet).

C'est nous, mon bon oncle! C'est nous!

SCÈNE III

L'ONCLE JÉROME, LES ENFANTS, puis Mme DELORME

L'ONCLE JÉROME (très ému).

Comment, mes enfants, c'était vous? Oh! venez m'embrasser! Quel plaisir vous m'avez fait éprouver! (Les enfants se jettent à son cou. Mme Delorme entre au même moment et regarde cette scène avec étonnement.) Approchez, approchez, ma nièce! Vous me voyez bien heureux. Vous avez des enfants charmants, adorables!... Ils viennent de me donner un concert, pendant que je dormais, et je me suis réveillé en entendant leurs jolies voix; ce sont déjà de vrais musiciens, malgré leur grande jeunesse.

Mme DELORME.

Oh! mon oncle, vous les flattez, vraiment; ce sont de petits débutants, mais pleins de bonne volonté, je l'avoue!

L'ONCLE JÉROME.

Eh bien, moi, je ne puis plus vivre sans eux, voilà ce qui est certain. Voulez-vous, mes enfants, rester avec l'oncle Jérôme, toujours, dites?

LES ENFANTS (regardant leur mère).

Oh! oui, si maman veut?

L'ONCLE JEROME.

Et nous ferons de la musique tous les jours, tous les soirs, hein! chers petits? (Il joint les mains.) Quelle joie! quel bonheur! (A part.) Ma foi! tous les célibataires devraient faire comme moi et s'entourer d'une aimable famille au lieu de rester à la merci d'une servante grognon! (Séraphine arrive sur la porte pendant ces dernières paroles.)

SCÈNE IV

LES MÊMES, SÉRAPHINE

SÉRAPHINE (apparaissant tout à coup).

A présent! je n'y tiendrais plus, j'aime mieux m'en aller! (A l'oncle Jérôme.) Monsieur voudra bien me régler mon mois?

L'ONCLE JÉROME.

Mais oui, ma bonne Séraphine, ce soir, en vous donnant mes ordres, n'est-ce pas, comme je le fais habituellement?

SÉRAPHINE.

Non, tout de suite, car je pars; je suis forcée de quitter la maison de monsieur. La musique, la poussière, et puis tout ce monde, des enfants par-dessus le marché, non, je n'y tiendrais pas!

L'ONCLE JÉROME.

C'est bien, ma fille, allez à la cuisine; tout à l'heure j'irai vous parler. (Elle sort, furieuse, en arrachant son tablier.)

Mme DELORME.

Ne vous tourmentez pas, mon oncle, de cet incident désagréable; désormais, si vous me le permettez, je saurai vous éviter les ennuis de ce genre?

L'ONCLE JÉROME.

Oh! je ne m'y arrête pas, la musique n'a-t-elle pas le don de faire oublier ces petites misères de la vie?

LES ENFANTS.

Et nous serons tous musiciens, mon oncle!

L'ONCLE JÉROME (riant).

Voilà comment des enfants bien élevés savent s'arranger des manies d'un vieil oncle au lieu d'en rire, et voilà comment nous y gagnerons tous, mes amis, l'union et le bonheur.

GASTON OU MARIE (chantant).

AIR : *La Corde sensible.*

Auprès de vous, qu'une douce harmonie
Nous réunisse et charme vos instants.
Oui, la musique embellit une vie,
Et vos neveux mettront leurs soins constants,
A vous donner ce plaisir sans partage.
Cher oncle, ici, vraiment, je vous le dis,
Votre maison vous plaira davantage
Et deviendra, pour tous, un paradis!

TOUS LES ENFANTS (en chœur.)

Auprès de vous, qu'une douce harmonie, etc., etc.

(*La toile se baisse.*)

FIN DU TROISIÈME ET DERNIER ACTE

LES PETITES FILEUSES BRETONNES

COMÉDIE EN 2 ACTES

PERSONNAGES

ANNE-MARIE, YVONNE, NORAH, BRIGITTE, MATHURINE, fileuses, de 7 à 10 ans. Costumes bretons variés.

JEAN-PIERRE, 12 ans, vieux marchand de chapelets, même âge. Grand manteau marron, chapeau de feutre noir avec larges bords et longs bouts de velours.

ALAIN, petit-fils de JEAN-PIERRE, 3 ans. Petit costume breton. Grand chapeau de feutre noir.

LES PETITES FILEUSES BRETONNES

PREMIER ACTE

La scène se passe dans une chaumière bretonne. Intérieur modeste. Rideaux à carreaux bleus et blancs. Lit simulé dans la muraille, si on le peut. Table grossière. Quelques petits tableaux, des marines, une madone au mur. Les fileuses sont placées en demi-cercle autour d'une cheminée rustiqué, tenant chacune, à la main, un fuseau. Un ou deux rouets pour compléter. Au lever du rideau elles chantent.

SCÈNE PREMIÈRE

ANNE-MARIE, YVONNE, NORAH, BRIGITTE ET MATHURINE

LES FILEUSES (ensemble, en faisant marcher leur fuseau).

Lon lon la,
Dansons au bel âge,
Lon lon la, lon lon la.

ANNE-MARIE.

Allons, c'est assez chanté comme ça! Si nous jasions un peu, maintenant. Dites donc, Norah! Est-ce qu'il y a du nouveau du côté de chez vous, cette semaine?

NORAH.

Eh oui! Anne-Marie, mais des malheurs, rien que des malheurs, bon Jésus!

ANNE-MARIE.

Quoi donc?

NORAH.

Vous savez, le moulin des Le Poullain!...

ANNE-MARIE.

Oui, eh bien?

NORAH.

Il a été brûlé!... Brûlé, ma chère! Fallait voir ça! Ça flambait comme un tas de fagots.

YVONNE.

Quel malheur! Un moulin où on se succédait, de père en fils, depuis plus de cent ans.

BRIGITTE.

Mais, sait-on comment le feu a pris?

MATHURINE.

On fait des suppositions, et les histoires vont leur

train. Si ma grand'mère était là elle jurerait que ce sont les sorciers qui ont voulu faire quelque mauvais coup à ces pauvres Le Poullain.

BRIGITTE (haussant les épaules).

Les sorciers! Nous savons bien qu'ils n'existent pas!

NORAH.

Il y en a qui prétendent connaître la cause de ce malheur. Mais on se dit tout cela tout bas, à l'oreille, et... je n'ose le répéter ici...

TOUTES (curieusement, en rapprochant leurs chaises).

Oh! dites, dites, Norah!... Nous n'en parlerons à personne.

NORHA (avec mystère).

Figurez-vous qu'on raconte que c'est Yvon, le fils aux Le Poullain, qui a mis le feu dans la paille en s'amusant avec des allumettes. Un enfant de cinq ans être cause de la ruine de toute une famille!... N'est-ce pas une chose affreuse?

MATHURINE.

Il n'y a rien d'impossible à ça! Mais, voyez-vous, si la meunière m'avait écoutée, elle aurait mis son mioche à l'école. Quand j'allais laver mon linge, combien de fois j'ai vu le petit *gars* au bord du ruisseau comme un enfant abandonné... Voilà le mal.

BRIGITTE.

C'est vrai! vous avez raison. Si on garde son enfant chez soi, au moins, il faut s'en occuper et le surveiller!... C'est une rude leçon pour les parents... (On entend tout à coup le vent qui souffle avec violence.) Oh! entendez-vous la tempête?

YVONNE (se levant avec frayeur).

Dieu! C'est effrayant! Norah, nous devrions partir, nous qui demeurons à l'autre bout du village! Tout à l'heure, ce ne sera plus possible. Où sont nos mantes, Anne-Marie? Sur votre lit, je crois?

ANNE-MARIE (se levant et allant à la fenêtre).

C'est un orage, cela ne durera pas. Mais il tombe de véritables trombes d'eau! Il vaut mieux que vous attendiez; les voisines et moi nous vous ferons un bout de conduite. (On entend un violent coup de tonnerre. Anne-Marie se recule.)

TOUTES LES FILEUSES (se levant effrayées et faisant un signe de croix).

Ah! quelle frayeur! (Elles se rassoient.)

NORAH.

Quelle peur j'ai eue! J'en suis toute tremblante.

ANNE-MARIE.

Que la Vierge protège nos pauvres marins qui sont en mer!

BRIGITTE.

Il y a déjà eu tant de deuils, cette année, pour ceux de chez nous!

YVONNE.

Eh! oui, vous pensez au pauvre vieux Jean-Pierre qui a perdu son fils dans la dernière tempête, son fils unique et qui lui a laissé un petit enfant à élever. Un enfant de trois ans et un grand-père qui a près de quatre-vingts ans, si ça ne fait pas pitié! Encore, si la mère vivait, mais elle est morte quand ce pauvre ange est arrivé!

NORAH.

Figurez-vous que ces jours-ci j'ai rencontré le vieux Jean-Pierre avec le petit. Ils s'en allaient au *Pardon* de Kergambec pour essayer de vendre quelques chapelets; ils avaient à faire leurs six kilomètres; c'était beaucoup pour de vieilles jambes et de toutes petites jambes..... Mon mari qui s'y rendait aussi, monté sur notre charette, les a rencontrés un peu plus loin et les a pris avec lui... Pauvres gens! (On entend un coup de tonnerre.) Dieu! quel coup! C'est à vous démolir de la tête aux pieds. (On frappe à la porte à coups redoublés.)

BRIGITTE (effrayée).

Qu'est-ce que cela? On frappe à la porte!

LES FILEUSES (excepté Anne-Marie).

Sauvons-nous! sauvons-nous!

ANNE-MARIE.

Ah! ça, êtes-vous folles? Je vais ouvrir, moi! Il n'est pas permis de laisser un chrétien à la porte par un temps pareil.

LES AUTRES (la suivant).

Nous vous accompagnons, alors!... (Elles s'en vont à la file en donnant des signes de frayeur).

SCÈNE II

LES MÊMES, JEAN-PIERRE, ALAIN

ANNE-MARIE (ouvrant la porte).

Jésus! Maria! Est-ce possible! C'est vous, Jean-Pierre, avec ce pauvre enfant? Entrez vite!

TOUTES LES FILEUSES (levant les bras au ciel).

Ça a-t-il du bon sens, d'être dehors, avec un temps pareil!

NORAH (tournant autour d'eux).

Ils sont trempés comme des canards, ma foi jurée!

JEAN-PIERRE (tenant une sorte de bâton traversé par une planchette à laquelle sont suspendus des chapelets, médailles et autres petits objets, qu'il vend).

Hé! ma mie, vous pensez bien que le mauvais temps nous a surpris! Nous arrivons du *pardon* de

Sainte-Anne du Port et nous n'avons pas eu la bonne chance d'y rencontrer votre mari comme à Kergambec, l'autre semaine, et...

NORAH.

Vous avez fait la route à pied?

JEAN-PIERRE (se débarrassant de son fardeau qu'il pose dans un coin).

Laissez-moi un peu me décharger; j'ai les reins cassés. A pied! oui vraiment, il a bien fallu!

BRIGITTE (allant à l'enfant).

Et ce pauvre innocent? (Elle lui prend la main.) Viens, viens auprès du feu que je te réchauffe, mon petit Alain.

ANNE-MARIE (mettant une chaise près du feu).

Asseyez-vous là, mon brave Jean-Pierre, et séchez-vous un peu.

YVONNE (bas à Anne-Marie).

Si vous lui faisiez boire quelque chose, voisine? Il doit avoir le gosier desséché?

ANNE-MARIE.

Vous avez raison, je n'y pensais pas. (Elle va au buffet et revient avec une cruche de grès et un verre.) (A Jean-Pierre.) Un verre de cidre, monsieur Jean-Pierre, cela vous fera du bien!

JEAN-PIERRE (avançant ses mains à la flamme, et cherchant autour de lui).

Où est le petit? (Il le voit sur les genoux de Norah et sourit. Il prend le verre de cidre.) Ce n'est pas de refus, merci! Dieu vous le rende, voisine.

NORAH (berçant l'enfant en fredonnant).

« *C'est fête au village! lon lon la!* » Pauvre petit! Tenez, le voici qui s'endort.

ANNE-MARIE.

Placez-le sur mon lit; il y sera mieux. Aussi bien, l'orage n'a pas l'air de s'arrêter encore. Il aura le temps de faire un somme.

NORAH (elle porte l'enfant sur le lit).

Vous avez raison, Anne-Marie.

JEAN-PIERRE (se levant, la suit).

Attendez, je vas vous aider.

TOUTES LES FILEUSES (les suivant des yeux).

Pauvre petit!

JEAN-PIERRE (les regardant l'une après l'autre).

Vous êtes bonnes, toutes; oui, toutes, pour mon pauvre Alain. (Il revient s'asseoir au coin du feu; les fileuses se rassoient et l'entourent en reprenant leur fuseau.)

ANNE-MARIE (remplissant son verre).

Allons! encore un petit verre?

JEAN-PIERRE.

Ah! ça, vous me gâtez, ici! Eh bien, j'accepte, pour boire à vos santés à toutes, et à celle des absents.

BRIGITTE.

Des absents! oui, ce soir, nos chers marins sont en mer. (On entend l'orage.) Cet orage ne finira donc pas?...

ALAIN (rêvant et criant de son lit).

Maman! maman!

JEAN-PIERRE (se levant et allant vers le lit).

Cher petit!... il rêve!...

NORAH.

Il appelle sa mère. Le pauvre enfant! Monsieur Jean-Pierre?... Vous allez penser que je suis bien curieuse, mais il faut absolument que je vous demande quelque chose?

JEAN-PIERRE.

Quoi donc?

NORAH.

Comment faites-vous pour venir à bout de soigner, d'habiller, et enfin, pour tout dire, de débarbouiller un enfant de cet âge?

JEAN-PIERRE.

Ah! dame, je fais comme je peux! Tant bien que mal. Mes pauvres vieilles mains sont bien maladroites et je sens aussi que je ne m'y prends pas comme ferait une femme. Vous avez pu en juger vous-même; le pauvre Alain est plus ou moins habillé de travers. Mais ce n'est rien cela! Ce qui me tracasse, c'est que le moment va venir où il n'aura plus de linge, plus de chemises. Sa pauvre mère, avant sa naissance, lui avait préparé un véritable trousseau qui pouvait aller jusqu'à trois ans! Elle était si vaillante, ma bonne Madeleine, la femme de mon fils! Et dire que lui aussi n'est plus là, pour veiller sur l'enfant. Oh! c'est dur! (Il se cache la figure dans ses mains et pleure.)

MATHURINE.

Voisines, une idée! (Elle leur parle tout bas.)

TOUTES LES FILEUSES (à mi-voix).

Oui, oui, nous acceptons. Dites-lui la chose.

MATHURINE.

Monsieur Jean-Pierre, nous avons quelque chose à vous proposer : Nous sommes toutes de bonnes fileuses, soit dit sans nous vanter, et nous voulons désormais nous charger d'habiller votre petit Alain. Vous n'aurez plus ce souci, c'est nous qui nous en chargerons.

JEAN-PIERRE.

Comment, vous voulez?...

BRIGITTE.

Oui, oui, ne nous remerciez pas. On dit dans la chanson qu'autrefois les femmes de la Bretagne ont filé pour gagner la somme d'argent qui devait racheter messire Duguesclin, fait prisonnier par les Anglais; eh bien, aujourd'hui, les femmes de la Bretagne fileront pour un pauvre enfant orphelin.

NORAH.

Et puis, chacune à notre tour, nous passerons chez vous une fois, dans la semaine, pour voir si votre ménage est en ordre; mais il faut nous promettre de conduire l'enfant à l'école, si cela ne vous contrarie pas, toutefois?...

JEAN-PIERRE.

Me contrarier! (Il joint les mains.) Oh! sainte bonne Vierge! mais c'est donc mon pauvre fils qui vous inspire du haut du ciel?

ANNE-MARIE.

Peut-être? En tous cas, les nôtres peuvent disparaître comme il a disparu. Le même malheur qui vous a frappé peut nous frapper toutes... Il faut s'entr'aider en ce monde. Vous irez maintenant vendre vos chapelets sans souci, n'est-ce pas?

ALAIN (se réveillant).

Grand-père! grand-père!

JEAN-PIERRE.

Me voilà, petit! (Il le prend dans ses bras. L'enfant regarde les fileuses d'un air effaré.) L'orage a cessé; nous allons partir.

NORAH.

Nous aussi. Anne-Marie, nous profiterons de l'éclaircie. Mettons nos mantes et faisons route ensemble.

JEAN-PIERRE (posant l'enfant à terre).

Laissez-moi vous offrir à toutes un souvenir du vieux Jean-Pierre. (Il choisit dans ses chapelets et leur en distribue à chacune.)

ALAIN (à son grand-père, montrant les fileuses avec son doigt).

Qui ça?...

JEAN-PIERRE.

Ce sont de bonnes amies de ton grand-père qui veulent être toutes des *mamans* pour toi.

BRIGITTE.

Je prends le *falot*, n'est-ce pas, Anne-Marie?

ANNE-MARIE.

Oui, attendez, je vais l'allumer. (Elle allume le falot et le remet à Brigitte. Puis, pendant que les fileuses défilent devant elle, ainsi que Jean-Pierre, elle dépose un baiser sur le front de l'enfant.) Au revoir, mon petit Alain! à bientôt!

LES FILEUSES.

Merci, Anne-Marie, de votre hospitalité!

ANNE-MARIE.

Allez, que Dieu vous garde! Bonne nuit! (Ils sortent tous pendant qu'elle tient la porte ouverte et regarde au dehors. Rentrant et refermant la porte.) Le ciel est brillant d'étoiles, la tempête s'est calmée. (Regardant l'heure à l'horloge.) Oh! déjà onze heures; il est temps de me coucher. Rangeons tout cela (Elle met son rouet de côté, range les chaises, couvre le feu.) Demain, je commencerai ma journée par aller chez Jean-Pierre. Pauvre petit Alain! (Elle va et vient.) Y a-t-il rien de plus triste qu'un enfant orphelin! Allons, je vais faire ma prière, et, ce soir, je prierai pour lui, le pauvre petit! (Elle se met à genoux devant la madone et joint les mains. Musique en sourdine.)

(*La toile se baisse.*)

FIN DU PREMIER ACTE

DEUXIÈME ACTE

La scène représente l'intérieur de la cabane de Jean-Pierre. Dans un coin, son attirail de chapelets et petits objets de vente. Quelques vêtements accrochés au mur. Grande cheminée. Une madone. Quelques petits jouets étalés sur le plancher.

Jean-Pierre, en habit de fête, fume sa pipe au coin de la cheminée. Alain s'amuse à dresser de petites planchettes par terre.

SCÈNE PREMIÈRE

JEAN-PIERRE, ALAIN

ALAIN.

Grand-père, est-ce maman Norah qui viendra aujourd'hui?

JEAN-PIERRE.

Je ne sais trop, mon enfant, quelle est celle de nos voisines qui sera libre, car tout le monde se prépare à aller au *Pardon* de Ploarec aujourd'hui. Mais pourquoi me demandes-tu cela? Est-ce que tu préfères maman Norah aux autres, par hasard? Elles sont toutes bien bonnes pour toi!

ALAIN.

Oh! je les aime toutes, grand-père; mais c'est que maman Norah est très gaie; elle chante toujours et vous comprenez?... quand elle est là personne n'est plus triste.

JEAN-PIERRE (essuyant une larme.)

Pauvre petit! Oui, je comprends. Tu as raison. (On frappe à la porte.) Ah! qui vient là... Entrez? (La porte s'ouvre et Norah entre avec un enfant à la main.) Bon! juste, voisine, nous parlions de vous.

ALAIN (s'élançant au cou de Norah).

Bonjour, maman Norah!

NORAH (elle embrasse l'enfant).

Bonjour, Alain! Bonjour, Monsieur Jean-Pierre! (Elle l'examine.) Oh! oh! que vous êtes brave! Vous avez mis déjà vos beaux *affiquets !* Et Alain?... C'est moi qui vais l'habiller! (Elle va à l'armoire et en tire une petite veste et un grand chapeau.) Là, tu vois ta petite veste neuve... (Elle prend l'enfant et le coiffe, lui brosse les cheveux... Pendant ce temps on frappe à la porte.)

JEAN-PIERRE.

Qui cela peut-il être? (Il se lève pour aller ouvrir.)

NORAH.

Qui? Eh! mais, toutes les voisines qui se sont donné rendez-vous avec moi pour venir vous chercher ici. Nous monterons tous sur la carriole de mon mari.

ALAIN (frappant des mains).

Quel bonheur!

JEAN-PIERRE (ouvrant la porte)

C'est dame Marie-Anne, ni plus ni moins. Bonjour, bonne voisine.

ALAIN (s'échappant des mains de Norah).

Je veux embrasser maman Marie-Anne! (Il court dans ses bras, elle l'embrasse.)

ANNE-MARIE.

Bonjour, mon mignon! (Elle tire une paire de souliers de sa poche.) Tiens, tu vois, je t'apporte des souliers neufs pour aller à la fête.

ALAIN (il prend les souliers et les porte à Norah).

Qu'ils sont jolis! Voyez, maman Norah!

JEAN-PIERRE.

C'est trop! voisine! Je ne pourrai jamais vous rendre ce que vous faites pour mon petit Alain et pour moi.

ANNE-MARIE.

Soyez tranquille, monsieur Jean-Pierre, c'est le bon Dieu qui se chargera de ça! Moi je vous demande tout bonnement un verre de n'importe quoi? Ce coquin de soleil chauffe déjà avec une force!... Je suis venue très vite, et me voilà tout en nage...

JEAN-PIERRE (allant à l'armoire).

Ma foi, dame Anne-Marie, notre cidre ne vaudra pas le vôtre. (Il prend une cruche et remplit un verre.) Tout de même, je vous l'offre de bon cœur.

ANNE-MARIE (après avoir bu).

Merci! Cela va mieux maintenant. (On frappe à la porte.)

ANNE-MARIE (allant vers la porte).

Ce sont les autres qui arrivent pour nous rejoindre. (Elle ouvre la porte et les autres voisines entrent avec deux ou trois enfants tout petits qu'elles tiennent par la main.)

SCÈNE II

LES MÊMES, BRIGITTE, MATHURINE, YVONNE ET DEUX OU TROIS PETITS ENFANTS FIGURANTS

BRIGITTE.

Eh bien, est-on prêt ici? Nous venons vous chercher, monsieur Jean-Pierre! (Elle regarde Alain.) Oh! qu'il est beau, Alain! Allons, petit *gars*, embrasse-moi.

4.

MATHURINE (elle l'embrasse.)

Et moi aussi!

YVONNE.

Et moi donc? (Elle l'embrasse.)

JEAN-PIERRE.

Alors, nous partons tous ensemble?

ALAIN (sautant de joie).

Que je suis content! Ce n'est plus triste du tout maintenant, grand-père, chez nous!

JEAN-PIERRE (montrant le ciel de son doigt).

Non, cher petit! C'est que, vois-tu, ceux qui nous aiment là-haut, nous ont envoyé de braves cœurs pour nous consoler et nous aider...

NORAH (gaîment prend ses compagnes par la main; elles entourent le grand-père et le petit Alain. Au public) :

Et tant qu'il y aura des cœurs de femmes dans le monde, il y aura une famille pour le vieillard et l'enfant orphelin. Chantons maintenant, pour nous mettre en route, notre vieux chant breton en l'honneur d'Alain et de son grand-père. (Elles chantent.)

(Air de la *Closerie des Genêts*).

C'est la fête au village,
C'est le printemps nouveau :
Viens, fillette, sage.
Laisse ton fuseau;

Viens donc, fillette sage,
Viens, partons, lon lon la,
C'est la fête au village,
Lon lon la;
Dansons au bel âge } bis en chœur
Lon lon la, lon la. }

Et puis sous la tonnelle,
Au son du tambourin,
Offre à la plus belle
Fleur de romarin!
Oui, c'est pour la plus belle
Cette fleur, lon lon la,
Cette rose nouvelle
Lon lon la;
Là, sous la tonnelle, } bis en chœur
Lon lon la, lon la. }

(Toutes les fileuses entourent le petit-fils et le grand-père.)

JEAN-PIERRE (prenant son attirail de chapelets).

Et maintenant, je reprends mes chapelets et partons.
(Ils défilent tous.)

(La toile se baisse.)

FIN DU DEUXIÈME ET DERNIER ACTE

LE MARCHAND DE MOULINS A VENT

SAYNÈTE EN 1 ACTE

PERSONNAGES

LE MARCHAND DE MOULINS A VENT, 12 ANS.

PETITS GARÇONS ET PETITES FILLES, 5 A 10 ANS.

Le petit marchand portera sur son épaule un certain nombre de moulins à vent et sera habillé en pauvre vieux, avec une redingote usée et une vieille casquette. Les autres enfants, à ce moment, passent et repassent en se promenant; ils regardent de loin le petit marchand et s'arrêtent à distance pendant qu'il chante son couplet.

LE PETIT MARCHAND.

(Parlé.) Qui veut des moulins à vent Deux sous, deux sous, les jolis moulins à vent? Allons, approchez-vous! (Chantant.)

AIR : *La bonne aventure, ô gué.*

Sans pain et sans feu souvent,
J'erre à l'aventure;
Je vends des moulins à vent
Tant que le jour dure.
Achetez, petits enfants,
Ce sont des jouets charmants.
Oui, je vous l'assure,
Oui, je vous l'assure.

UN PETIT GARÇON.

Comme moi chacun l'entend,
Sa vie est bien dure.
Plaignons le petit marchand
En habit de bure.
— Mon brave homme, voulez-vous
Nous en donner pour deux sous?

LE PETIT MARCHAND.

C'est de bon augure!
C'est de bon augure!

(Il distribue un moulin à vent à chaque enfant, qui lui remet deux sous.)

UNE PETITE FILLE.

Pourquoi donc n'avez-vous pas
De place plus sûre?
Vous devez être bien las?
Votre vie est dure!
Vraiment un pareil métier
N'a rien qu'on puisse envier.

TOUS LES ENFANTS.

Oh! je vous le jure!
Oh! je vous le jure!

LE PETIT MARCHAND.

Vous avez bien raison, Mademoiselle; aussi, je vais vous donner une petite explication que vous comprendrez tout de suite. (Chantant) :

Vous voyez mes cheveux blancs,
Ma mine de cire?
Hélas! mes petits enfants,
Je ne sais pas lire;
Et dans ce cas, c'est la loi,
On ne trouve aucun emploi.

TOUS LES ENFANTS.

La triste aventure!
La triste aventure!

LE PETIT MARCHAND.

C'est pourtant une bonne journée pour moi quand je rencontre de gentils enfants comme vous. Vous reviendrez encore acheter des moulins à vent au pauvre marchand; mais pour ne pas être, plus tard, obligés d'en faire, comme lui, votre métier, vous voudrez, j'en suis sûr, apprendre à lire. (Il chante :)

Aussi, mes petits amis,
Chez vous, à l'école,
Soyez sages et soumis,
Car le temps s'envole,

L'avenir vous sourira,
Et pas un de vous n'aura,
Ma triste figure,
Ma triste figure.

TOUS LES ENFANTS (en chœur).

Aussi, mes petits amis,
Chez nous, à l'école
Soyons sages et soumis,
Car le temps s'envole.
L'avenir nous sourira
Et pas un de nous n'aura
Sa triste figure,
Sa triste figure.

(Le petit marchand et les enfants saluent et défilent en faisant tourner leurs moulins à vent.)

(La toile se baisse.)

SOUS LES VIEUX UNIFORMES

COMÉDIE EN 2 ACTES

PERSONNAGES

Mme de VOLMER, mère des enfants, 10 ans.
ANDRÉ, EMILE, MARIE, PAULETTE, enfants de 6 à 9 ans.
JULIETTE, 8 ans, la bonne des enfants.
LOULOU, bébé de 3 à 4 ans.

SOUS LES VIEUX UNIFORMES

PREMIER ACTE

La scène représente une chambre avec une fenêtre; table au milieu; jouets épars. Le petit Loulou s'amuse à traîner une voiture. Les autres enfants, debout, regardant du côté de la fenêtre d'un air consterné.

SCÈNE PREMIÈRE

ANDRÉ, ÉMILE, MARIE, PAULETTE, puis LOULOU.

ANDRÉ (soulevant le rideau de la fenêtre).

Quel temps! mon Dieu! Regardez un peu cette pluie qui tombe à torrents! C'est comme un fait exprès pour notre lundi de Pâques.

MARIE.

Et papa qui avait promis de venir nous chercher pour nous conduire au Bois de Boulogne s'il faisait beau!

PAULETTE.

Nous sommes bien sûrs de ne pas y aller maintenant. Quelle heure est-il?

ANDRÉ (s'avançant vers la cheminée pour regarder l'heure à la pendule).

Oh! mon Dieu, il va être trois heures. Alors, c'est fini et bien fini pour notre promenade. Papa avait dit qu'il serait ici à deux heures. Mais la pluie a tout dérangé, c'est sûr! (Il se jette sur le canapé.) Ah! qu'allons-nous faire maintenant pour nous amuser?

EMILE.

Voilà des vacances qui commencent bien mal! Pourtant il ne faut pas perdre notre temps à nous lamenter. Cherchons plutôt un jeu qui nous intéresse. Qui est-ce qui a une bonne idée?

LOULOU (arrivant au milieu des autres qui font cercle autour d'André assis sur le canapé; il tient sa petite voiture dans ses bras).

Si nous goûtions, pour nous consoler? C'est ça qui est une bonne idée, n'est-ce pas? (Il les regarde d'un air triomphant.)

LES ENFANTS (riant).

Ah! ah! gros Loulou! Oui, c'est une excellente idée.

PAULETTE.

Seulement il n'est pas encore l'heure, vois-tu; nous sortons à peine de table; cela nous rendrait malades de manger si tôt. Moi je vais proposer autre chose : Si nous nous déguisions?

LES ENFANTS.

Oui, oui, tu as raison. Mais avec quoi?

PAULETTE.

Avec les vieux costumes que maman conserve dans une malle. Vous savez, il y a de très beaux uniformes tout dorés, des chapeaux avec de grands plumets!

EMILE.

Oh! ce sera très amusant de nous voir habillés avec tout ça! Mais les uniformes ne pourront servir qu'aux garçons; et les filles qu'est-ce qu'elles mettront?

MARIE.

Sois tranquille, nous trouverons bien quelque chose pour nous aussi! Il y a, je crois, des robes de la grand'mère de papa et aussi de sa grand'tante, la chanoinesse; cela fera notre affaire. Attendez-moi, je cours pour demander à maman la permission de prendre les costumes. (Elle se dirige vers la porte pour sortir.) Justement, voici maman!

SCÈNE II

LES MÊMES, Mme DE VOLMER

Mme DE VOLMER.

J'ai l'air d'arriver bien à propos, mes enfants? (Elle se baisse pour embrasser le petit Loulou.) Eh bien! mais je vous vois tous réjouis? A la bonne heure, je craignais de vous trouver tristes à cause du mauvais temps et de la partie manquée du Bois de Boulogne.

TOUS LES ENFANTS (entourant leur mère).

Maman, maman, nous voulons vous demander... (Ils s'arrêtent.)

Mme DE VOLMER.

Quoi donc? C'est donc bien grave que vous n'osez pas achever?... (Se tournant vers Pauline.) Voyons, Paulette, de quoi s'agit-il?

PAULETTE.

Nous voudrions nous déguiser, vous savez, maman, avec les vieux costumes qui sont dans une malle au grenier?

Mme DE VOLMER.

Ah! (Elle réfléchit. A part.) Pauvres enfants, il faut bien qu'ils s'amusent, et par un temps pareil! (Haut.)

Eh bien! oui, j'y consens; mais c'est à la condition que vous n'abîmerez rien. Émile et André, venez avec moi, vous allez aider votre bonne à apporter la malle jusqu'ici. (Elle sort suivie de ses deux fils.)

TOUS LES ENFANTS (frappant des mains).

Quel bonheur! Merci, maman! merci, maman!

PAULETTE.

Maintenant, il faut mettre un peu d'ordre ici, que nous ayons de la place. Loulou, relève ta voiture; elle nous ferait tomber et puis nous pourrions l'écraser en marchant dessus.

LOULOU (posant sa voiture sur la table).

Et moi, en quoi qu'on va me déguiser? Si vous avez tous de beaux costumes, moi j'en veux un aussi!

MARIE.

Tiens, c'est vrai! Nous n'y avions pas réfléchi. Voyons, on ne peut pourtant pas lui mettre un uniforme de général ou de colonel, ce serait trop lourd, le pauvre petit serait écrasé. (A Loulou.) Sais-tu, nous t'habillerons en page; tu tiendras la queue de Marie ou la mienne; car nous aurons des queues, tu vas voir?

LOULOU.

Comment faudra-t-il faire pour tenir la queue?

PAULETTE (prenant la robe de Loulou).

Oh! ce n'est pas difficile. Comme ceci, regarde; seulement il ne faudra pas tirer, tu nous ferais tomber.

SCÈNE III

LES MÊMES, ANDRÉ, ÉMILE, JULIETTE.

(Ces derniers entrent en portant la malle.)

JULIETTE.

Ne poussez pas si fort, Monsieur André. C'est moi qui ai tout le poids. (Ils posent la malle par terre.) Là, voilà!

PAULETTE (s'avançant vers la malle).

Tu as la clef, Juliette? Donne? Je me charge d'ouvrir. (Elle lève le couvercle et sort chaque vêtement qu'elle passe à la bonne. Les enfants font cercle. Loulou, les deux poings sur les hanches, regarde attentivement.) Oh! regardez-donc, cet habit brodé et ce grand ruban bleu qui passe en sautoir.

MARIE.

Ça, je sais, c'est celui d'un officier dans les gardes françaises; il avait la croix de Saint-Louis avec le ruban bleu; c'est ce ruban qui le fait reconnaître, car papa nous a parlé bien des fois de lui; c'était un oncle de sa grand'mère.

ÉMILE.

Ce sera pour moi, ce costume-là; je suis sûr qu'il m'ira très bien.

ANDRÉ.

Eh! tu n'es pas dégoûté. Je trouve qu'il m'irait aussi très bien, moi!

MARIE.

Attendez, il y a autre chose!

SCÈNE IV

LES MÊMES, Mme DE VOLMER (tenant un petit paquet).

Mme DE VOLMER (appelant).

Loulou! Loulou!

LOULOU (courant au devant de sa mère).

Voilà, maman!

Mme DE VOLMER (elle ouvre le paquet).

Tiens, vois-tu, ce que j'ai trouvé pour toi! Cette jolie robe rose, avec une ceinture qui la serrera à la taille; cette toque rose avec une plume, voilà ton costume de page.

MARIE (examinant le costume).

Oh! mais il va être très beau, Loulou, habillé

comme cela; je le retiens absolument pour tenir ma queue, tout à l'heure. Alors, maman, vous voulez bien nous aider?...

Mme DE VOLMER.

Oui, seulement Juliette va vous emmener dans votre chambre pour passer vos costumes. Emportez la malle et tout cela. Je vais m'occuper de Loulou; ceux qui seront les premiers prêts viendront se montrer ici. (Juliette et les enfants prennent la malle et sortent.)

SCÈNE V

Mme DE VOLMER, LOULOU

Approche, mon chéri, que je passe ta robe. Je suis sûre que tu seras habillé avant les autres.

LOULOU (pendant qu'on l'habille).

Maman, est-ce que quand vous étiez petite, on vous déguisait aussi quelquefois?

Mme DE VOLMER.

Mais oui, mon ami, tous les enfants s'amusent aux mêmes jeux. Voyons, tourne-toi que j'attache ta ceinture. Là! je vais te mettre un nœud sur l'épaule et des bouffettes sur tes souliers. (Elle le pousse vers la glace et pose le béret sur sa tête.) Eh bien! qu'en dis-tu, Loulou?

LOULOU.

Oh! maman, comme je suis drôle! Je ne me reconnais plus.

Mme DE VOLMER.

Maintenant, en attendant que les autres arrivent, tu vas prendre ta petite bergerie et t'amuser à dresser les moutons... Comme cela, tu n'abîmeras pas ton costume. Où est-elle la bergerie?

LOULOU (rapportant une boîte qu'il va prendre dans un coin).

La voici, maman!

Mme DE VOLMER.

Et moi, je vais t'aider, parce que tu es bien sage et bien obéissant.

LOULOU.

Quel bonheur! merci, ma petite maman! (Mme de Volmer et Loulou se mettent à dresser les moutons, les maisons, les bergers, etc., etc.)

Mme DE VOLMER.

Ah! voilà un mouton qui a la patte cassée; il ne peut se tenir, mettons-le de côté.

(*La toile se baisse.*)

FIN DU PREMIER ACTE

DEUXIÈME ACTE

SCÈNE PREMIÈRE

Mme DE VOLMER, LOULOU, ANDRÉ

ANDRÉ (entr'ouvre la porte et fait son apparition en costume des gardes françaises. Il vient, gravement, le tricorne sous le bras, saluer sa mère assise sur le canapé.)

Mme DE VOLMER (riant).

Bravo! Monsieur le Capitaine. Asseyez-vous et donnez-moi des nouvelles de votre régiment?

ANDRÉ.

Madame, mon régiment est toujours un des plus beaux de France, et chaque soldat ne demande qu'à bien se battre pour la gloire du pays.

Mme DE VOLMER.

Oh! mais, Monsieur le Capitaine, vraiment, je crois que l'uniforme vous inspire.

SCÈNE II

LES MÊMES, MARIE, puis ÉMILE ET PAULETTE

MARIE (elle ouvre la porte et fait son entrée habillée en chanoinesse; elle tient un gros livre de prière à la main, s'avance, et fait trois révérences, une à la porte, une à mi-chemin et une devant sa mère).

Madame!...

Mme DE VOLMER (lui rendant son salut).

Madame la Chanoinesse! Veuillez vous asseoir et prendre ce fauteuil. Je vous présente un de nos jeunes parents, capitaine dans les gardes françaises. (Le capitaine salue la chanoinesse.)

MARIE.

Oh! Madame, je le connais déjà. Nous sommes un peu cousins, et plus d'une fois, à mon office du matin, j'ai prié Dieu de bénir ses lauriers...

LOULOU (resté très grave jusque là, interrompt brusquement sa sœur).

Et la queue que je devais tenir, où est-elle? Ah! la voilà!

La porte s'ouvre; Émile Paulette entrent en se donnant le bras. Le premier porte un costume de colonel de hussards du premier empire; la seconde, un costume de dame de la même époque: taille courte, jupe étroite avec queue. Emile fait le salut militaire en portant la main à son schako, pendant que sa sœur s'incline et que Loulou s'empare de la queue de Paulette.

PAULETTE (riant).

Oh! mais voilà un bien gentil page. Ne tire pas trop fort, au moins. (Ils font le tour de la scène en se promenant.)

Mme DE VOLMER.

Bravo! bravo! (A part.) Vraiment, ces costumes leur vont à ravir! Que je voudrais donc que leur père pût les voir ainsi! (Haut.) Madame, et vous, colonel, veuillez vous asseoir. Quant au petit page, on lui permettra de prendre ce tabouret. Colonel, je vous félicite sur votre nouveau grade; vous l'avez conquis par un acte de bravoure. Vous avez, m'a-t-on dit, sauvé la vie à votre chef?

ÉMILE (modestement).

Madame, c'est le devoir de tout soldat français!

ANDRÉ.

Moi, je suis d'un autre siècle et c'était déjà la même chose : dans l'armée, le chef c'est le père : à lui toujours le dévouement et la fidélité.

MARIE.

Voilà ce qui fera de tout temps la force d'un régiment.

PAULETTE.

Et je crois aussi ses victoires.

SCÈNE III

LES MÊMES, JULIETTE

JULIETTE (entrant).

Madame n'a plus besoin de moi?

Mme DE VOLMER.

Si, approchez Juliette. (Elle fait une pause.) Aussitôt que Monsieur sera rentré vous viendrez me prévenir, et, dès maintenant, vous allez dire à la cuisine qu'on nous fasse dîner de très bonne heure, parce que j'attends des invités ce soir. Nous prendrons le thé et des petits gâteaux comme d'habitude. Préparez tout, n'est-ce pas?

JULIETTE.

Oui, madame! (Elle sort.)

MARIE.

Maman, qui attendez-vous donc ce soir?

Mme DE VOLMER (riant).

Mais, Madame la Chanoinesse, vous êtes bien curieuse! Eh bien, mes enfants, j'ai un projet : Comme je suis contente de votre sagesse, comme je trouve que vous avez beaucoup de dispositions pour remplir un rôle, et, enfin, comme vous portez à merveille les costumes de nos aïeux en vous pénétrant des sentiments d'honneur qui étaient en eux, j'ai envie de préparer une surprise à votre père. Ce soir, avec ces mêmes costumes, que vous allez d'abord quitter et puis que vous remettrez, vous lui jouerez une charade.

LOULOU.

Et moi, maman?

Mme DE VOLMER.

Toi aussi, mon chéri; tu auras toujours la queue de ta sœur à tenir! Mais pour que tu ne te couches pas trop tard, nous dînerons beaucoup plus tôt et la représentation commencera aussitôt après.

ANDRÉ.

Alors les invités dont vous parliez, maman, c'est nous?...

Mme DE VOLMER.

Justement! Mais ne perdons pas notre temps; cherchons vite un mot pour la charade. Voulez-vous que nous prenions : *courage?*

LES ENFANTS.

Oui, oui, maman. Très bien!

Mme DE VOLMER.

Pour le *premier* ce sera *cour*. Voyons, comment placerez-vous ce mot?

ÉMILE.

Oh! c'est facile, quelqu'un dira, par exemple : « Nous allons jouer dans la cour! »

MARIE (riant).

Ah! il me semble, nous pourrions trouver mieux que ça, n'est-ce pas, maman?

Mme DE VOLMER.

Certainement, surtout avec ces costumes-là. Il faudrait plutôt parler d'un réception à la Cour où vous auriez été invités, tous les deux (se tournant vers son fils) vous, colonel, avec votre femme. Ou bien encore (elle se tourne vers sa fille) Mme la Chanoinesse, raconterait à son jeune cousin, comment les choses se passaient de son temps à la Cour, etc., etc.

PAULETTE.

Mais, maman, nous ne saurons jamais... Ce sera très difficile.

Mme DE VOLMER.

Soyez tranquille, je vous aiderai, je vous donnerai des idées et vous vous en tirerez très bien. Pour le second de la charade, ce sera le mot *âge*. Il y a beaucoup à dire... On parlera du plus bel âge...

LOULOU.

Moi, je dirai que c'est le mien le plus bel âge!

TOUS LES ENFANTS (riant).

Ah! ah! Voyez-vous ça!

Mme DE VOLMER.

Eh bien! mon petit Loulou, je te prends au mot. Tu le diras et cela fera très bon effet. Mais, dépêchons-nous; pour le tout, *Courage*, il faudra trouver quelque chose vous-mêmes, mes enfants. Cherchez un peu... Ah! je viens d'entendre ouvrir la porte du vestibule.

PAULETTE (qui a entr'ouvert la porte).

Maman, c'est papa qui rentre.

Mme DE VOLMER.

Alors, mes enfants, je vais rejoindre votre père. Déshabillez-vous rapidement et venez nous retrouver à table, mais que cela ne vous empêche pas de réfléchir à ce que vous direz dans la charade. (A ses filles.) Marie et Paulette, vous vous chargerez de Loulou pour que sa petite robe ne soit pas abîmée.

ÉMILE.

J'ai trouvé quelque chose pour le tout, maman!

Mme DE VOLMER.

Dis, vite?

ÉMILE.

Eh bien, en nous redressant, tout à l'heure, devant papa, dans les costumes que nous endosserons, je dirai :

Les petits cœurs qui battent aujourd'hui, sous ces vieux uniformes, ont hérité du courage de ceux qui les portaient autrefois.

Mme DE VOLMER ET LES ENFANTS.

Bravo! Bravo! (Ils saluent).

(*La toile se baisse.*)

FIN DU DEUXIÈME ET DERNIER ACTE

LA POUPÉE MALADE

PERSONNAGES

HENRIETTE, 8 ans.
LE DOCTEUR, 7 ans.
ANNETTE, 6 ans, la bonne.
JEANNE, la poupée.

La scène représentera une chambre avec lit et petits meubles de poupée. La poupée sur les genoux de sa mère, le docteur en face lui tâtera le pouls. La bonne debout, derrière le fauteuil de sa maîtresse.

LE DOCTEUR.

Madame, votre fille a la fièvre : Je lui trouve cent pulsations.

LA MÈRE.

Oh! Docteur, vous m'effrayez. Ma pauvre petite Jeanne! Qu'est-ce qui a pu lui donner la fièvre, mon Dieu?

LE DOCTEUR.

Euh! Euh! (hochant la tête.) On ne sait jamais comment cela arrive. Et puis, les enfants, c'est si imprudent, voyez-vous, ça saute, ça court, ça se met en nage, ça mange quelquefois trop, quelquefois pas assez!...

LA BONNE, ANNETTE.

Pour ça, mamz'elle Jeanne ne mangeait jamais trop, je peux bien le dire! Hier soir encore, elle a refusé son bouillon que je lui avais préparé avec du tapioca.

LE DOCTEUR.

Alors elle n'a rien mangé? C'est qu'elle était déjà malade, sans doute?

LA MÈRE.

Peut-être, mais avant-hier, il me semble qu'elle n'a pas voulu sa soupe non plus, elle la refuse presque toujours... C'est qu'elle est si délicate, Docteur! Un rien suffit pour la nourrir...

LE DOCTEUR.

Qu'appelez-vous un rien? A-t-elle mangé sa soupe ou une part de pommes de terre, ou bien un petit morceau de viande : veau, bifteck ou mouton, peu importe?

LA BONNE.

Oh! tout cela serait trop nourrissant! Mamz'elle Jeanne est un oiseau!

LE DOCTEUR.

Alors, qu'a-t-elle mangé? Voyons, j'imagine que vous ne la nourrissez pas de grains de mil ou de chènevis?

LA MÈRE.

(D'un air indigné.) Oh! Docteur! Mais qu'a-t-elle donc mangé? Ah! je me souviens, un pauvre petit gâteau à deux heures de l'après-midi; elle avait si mal déjeuné!...

LE DOCTEUR.

C'est tout?

LA BONNE.

A quatre heures, pour son goûter, elle a eu un autre petit gâteau, et puis elle a aperçu la boîte de bonbons du baptême du petit cousin de Madame. Elle en a voulu, la pauvre chérie!

LE DOCTEUR (moqueur).

Oui, oui, elle était fort à plaindre en effet! Et combien en a-t-elle mangé de ces pauvres petits bonbons?...

LA MÈRE (hésitant).

La boîte était pleine, mais... c'est une boîte... qui n'est pas très grande!...

LE DOCTEUR.

Ah! bien, alors, elle a mangé toute la boîte de bonbons. Je comprends qu'elle soit malade. Je vois ce que c'est maintenant!...

LA MÈRE.

Docteur, parlez! De grâce, qu'a-t-elle?...

LE DOCTEUR.

Elle a, Madame (scandant le mot), une in-di-ges-ti-on!

LA BONNE.

Mon Dieu! Est-ce qu'on en meurt?...

LE DOCTEUR.

Mais oui, aussi bien que des autres maladies.

LA MÈRE (avec émotion).

Ma fille est en danger, alors!... Sauvez-la, Docteur!

LE DOCTEUR.

Nous allons essayer!... Voici mon ordonnance (il écrit en mettant son lorgnon sur son nez) : de la quinine, beaucoup de quinine, il n'y a que cela pour couper la fièvre. Et puis la diète! Qu'elle ne mange rien de toute la journée.

LA BONNE (joignant les mains).

Jésus, Seigneur! Mais elle va mourir d'une autre façon. Ne rien manger de toute la journée!...

LE DOCTEUR.

Elle boira des tisanes. Saurez-vous les lui préparer, madame?

LA MÈRE.

Oh! oui, docteur! Elle aime beaucoup le thé. Je lui en donne quelquefois avec une rôtie de beurre! Nous allons lui faire une tasse de thé à l'instant.

LE DOCTEUR (impatienté et se fâchant).

Du thé! Y pensez-vous? Avec une rôtie de beurre! Mais il ne s'agit pas de la régaler, ni de lui donner ce qu'elle aime. Non! non! Vous allez lui faire une infusion de camomille ou de feuilles d'oranger. C'est amer, je vous en préviens, et elle fera la grimace!...

LA BONNE.

Pauvre petite!

LE DOCTEUR (grondant).

Oui, oui! pauvre petite! Si elle n'avait pas mangé tant de gâteaux et de bonbons, elle n'aurait pas besoin d'avaler de mauvais remèdes maintenant.

LA MÈRE.

Vous reviendrez la voir, docteur?

LE DOCTEUR.

Oui, madame, demain! Mais suivez bien mon ordonnance... Au revoir (il salue. — D'un ton sentencieux :) C'est la faiblesse des mères qui tue les enfants!

LA MÈRE (prenant dans ses bras la poupée).

Pauvre petite Jeanne! Oui, c'est ma faute, je le reconnais. Annette, allez chez le pharmacien avec l'ordonnance et revenez vite.

ANNETTE.

Oui, madame! C'est égal, ces médecins sont bien durs pour les enfants (elle sort.)

LA MÈRE (au public, s'avançant avec sa fille dans les bras).

J'ai fait pour ma poupée, comme maman fait pour moi. Pauvre maman! je l'ai si souvent tourmentée pour avoir des gâteaux! D'abord elle me refusait, et puis elle finissait par céder (levant le doigt :) Il est si difficile de résister aux enfants! Une autre fois, je me souviendrai de ce qu'a dit le médecin : j'obéirai à maman; (montrant la poupée) sans cela, je le crains, Jeanne, ma petite fille, n'obéirait pas non plus (se montrant elle-même) à sa petite mère.

(*La toile se baisse.*)

AU COIN DU FEU

COMÉDIE EN 3 ACTES

PERSONNAGES

TANTE URSULE, 12 ans.
ROBERT, son petit-fils, 6 ans.
LISETTE, sa petite-fille, 7 ans.
UN FACTEUR, 9 ans.
PIERRE, petit domestique, 9 ans.

AU COIN DU FEU

PREMIER ACTE

La scène représente une pièce avec cheminée; une table au milieu. Un grand fauteuil au coin de la cheminée. Tante Ursule enfoncée dans le fauteuil tricotera des bas; Robert à ses pieds lui fera la lecture; Lisette assise devant la table habillera sa poupée. La tante en costume de vieille : boucles grises, bonnet de dentelles à rubans, mantelet sur les épaules, mitaines, lunettes.— Les enfants, en costume d'intérieur.

SCÈNE PREMIÈRE

TANTE URSULE, ROBERT, LISETTE

ROBERT (lisant).

« Et la princesse enfermée... » (Il s'arrête.)

TANTE URSULE.

Pourquoi t'arrêtes-tu donc? Continue, continue...

ROBERT (lisant).

« Et la princesse, enfermée dans la tour, répétait :

» Oiseau bleu... » (Il s'arrête.)

Ah! tante Ursule, votre peloton qui tombe! (Il court et le ramasse.) Le voilà!

TANTE URSULE.

Merci! Mais c'est ennuyeux, tu t'interromps au plus joli endroit... Voyons, lis?...

ROBERT (lisant).

« Et la princesse, enfermée dans la tour, répétait :

» Oiseau bleu, couleur du temps,
» Vole à moi promptement! »

LISETTE (qui a posé sa poupée sur la table s'avance doucement près du fauteuil de tante Ursule et lui tend sa tabatière).

(Interrompant.) Tante Ursule!

TANTE URSULE.

Bon! Encore une interruption! Qu'est-ce que c'est, Lisette?

LISETTE.

Ma tante, je viens de trouver votre tabatière! Vous la cherchiez depuis ce matin, elle était tombée là, derrière mon petit fauteuil. Je ne comprends pas comme cela a pu se faire?

TANTE URSULE.

Ma tabatière! Hum! Voilà qui est singulier! C'est cet étourdi de Pierre qui l'aura poussée dans ce coin avec son balai... Il n'en fait pas d'autres! Allons, continuons notre lecture! On dirait que tu n'aimes pas à entendre lire, toi?.. A mon âge, c'est un grand plaisir; pendant ce temps, je tricote pour les petits enfants pauvres. Tu n'as pas l'air d'écouter, Lisette? Pourtant, j'ai choisi un conte de fées, pensant que cela vous intéresserait davantage tous les deux.

LISETTE.

Eh oui! ma tante, c'est vrai; mais j'aime bien mieux vous l'entendre raconter, ce conte, que d'écouter quand Robert le lit... D'abord cela va plus vite, et puis Robert... (Elle hésite.) ne lit pas très bien... (A son frère.) Ne te fâche pas!

ROBERT.

Dis donc, tu es aimable, toi!

LISETTE (bas à Robert).

Je sais que cela t'assomme de faire la lecture à ma tante. (Haut.) Tante Ursule!

TANTE URSULE.

Quoi encore? Décidément, j'ai une petite nièce bien bavarde...

LISETTE.

Si Robert laissait son livre, si vous laissiez un instant votre tricot, et si moi, je laissais ma poupée... Alors...

TANTE URSULE.

Alors quoi?

ROBERT (vivement).

Je devine!

LISETTE.

Nous nous mettrions assis gentiment, tous les deux à vos pieds, et vous nous raconteriez une histoire du bon vieux temps. (Câline.) Vous savez si bien raconter!...

TANTE URSULE.

Petite flatteuse, va!

ROBERT.

Lisette a raison, tante Ursule! Et puis, je ne vois presque plus clair pour lire... Je ferme le livre, n'est-ce pas, en attendant que l'on apporte de la lumière? Si vous voulez, je vais remettre un morceau de bois dans la cheminée. Il fait si bon comme cela, au coin du feu!

TANTE URSULE (soupirant).

Je finis par faire tout ce que vous voulez. On a bien raison de dire que les enfants sont de petits tyrans.

LISETTE.

Qu'est-ce que c'est qu'un tyran, tante Ursule?

TANTE URSULE.

C'est celui qui passe sa vie à tourmenter quelqu'un...

ROBERT.

Est-ce que nous vous tourmentons, ma tante?

TANTE URSULE.

Mais oui, vraiment! Et même assez souvent... Quelle histoire faut-il vous raconter? Je cherche... C'est que je vous en ai déjà tant dit!...

LISETTE.

Une histoire où l'on parle de vous, ma tante!

TANTE URSULE.

Ah! attendez, je vais vous parler de l'aventure qui m'arriva à un petit bal d'enfants que l'on donna chez mes parents, en mon honneur, lorsque j'avais votre âge à peu près. Je devais porter un petit costume de marquise et ma mère m'avait fait faire une jolie robe de soie rose à paniers. Toutes mes petites amies et leurs frères étaient invités. Pendant plusieurs jours, je m'étais exercée à danser avec mon frère qui était votre grand-père; mais il n'entendait rien à la danse, ni à la musique. (On entend sonner avec violence à la porte, ou dans l'escalier.)

LES ENFANTS (ensemble).

Oh! comme on sonne!

TANTE URSULE (se levant.)

Il est dit que ce soir nous serons toujours interrompus. (Elle écoute. On sonne de nouveau.) On sonne encore! Si c'était mon vieil ami, le général, qui vient quelquefois le jeudi soir nous demander à dîner et faire son whist! Laissez-moi passer dans ma chambre, mes enfants; je ne suis pas en état de me présenter. (Elle se sauve par une porte, les enfants font mine de la suivre.)

SCÈNE II

LES MÊMES, PIERRE (ce dernier accourant, portant deux bouteilles dans un panier et une lanterne).

Madame! Madame! Monsieur! Mamz'elle! (Il court et laisse tomber le panier; les bouteilles se brisent.) Ah bon! (Il s'arrache les cheveux.) Ce n'est pas de ma faute! C'est ce maudit facteur qui s'avise de sonner pendant que je suis à la cave... C'est à perdre la tête!...

LISETTE.

Qu'est-ce que tu dis? Le facteur!... Où est-il?

PIERRE.

Il me suit, il monte, pour faire signer quelque chose à Madame...

ROBERT.

Une lettre recommandée, alors? Une lettre de papa, peut-être?

LISETTE (frappant dans ses mains).

Quel bonheur!

LES ENFANTS (courant et appelant).

Tante Ursule! Tante Ursule! (Ils sortent.)

(*La toile se baisse.*)

FIN DU PREMIER ACTE

DEUXIÈME ACTE

SCÈNE PREMIÈRE

PIERRE (il revient sur la scène, après avoir couru après les enfants).

Ma foi! je n'ai pas pu les rattraper... Laissons-les courir. Ils reviendront bien tout à l'heure!... (Il se baisse et ramasse les bouteilles cassées.) Pendant ce temps, je vais tâcher de réparer tout ce dégât. Hé! hé! il faut prendre garde de ne pas se couper avec ces morceaux de verre... Ah! maudit facteur! Heureusement encore que je n'avais pas tiré de vin... Si les bouteilles avaient été pleines... (On entend crier le facteur du dehors : « Personne? il n'y a personne? Personne? il n'y a personne? ») Bon! c'est lui, c'est le facteur! Ma foi, je l'avais déjà oublié. (Il court à une porte.) Je regarde si quelqu'un arrive!

SCÈNE II

PIERRE, LE FACTEUR

LE FACTEUR (passant sa tête par la porte en face).

Ah! çà, il n'y a donc personne dans cette maison? (Il regarde à droite et à gauche.) Voilà le domestique pourtant. (A Pierre.) Eh bien! mais je n'ai pas le temps d'attendre, moi, savez-vous?

SCÈNE III

LES MÊMES, TANTE URSULE, puis ROBERT et LISETTE

TANTE URSULE (avec quelque modification dans son costume : bonnet à rubans roses, cravate de dentelle., etc.).

Tiens, c'est vous, facteur; moi qui croyais que c'était une visite? (A part.) C'était bien la peine de changer de toilette!

LE FACTEUR (tendant une lettre).

Voilà, madame; c'est une lettre recommandée, il faut signer.

TANTE URSULE (mettant ses lunettes).

Ah! donnez vite? (Elle examine l'adresse.) C'est de mon neveu; quel bonheur! Robert! Lisette! Où sont donc les enfants? Pierre allez vite les chercher!

LE FACTEUR (pressé et tendant son registre).

Madame, il faut signer!

TANTE URSULE.

Ah! c'est vrai, j'oubliais! Pierre, vite une plume un encrier!

PIERRE (ahuri, tourne sur lui-même et regarde de tous côtés).

Oui, madame... Je... Je cours chercher Monsieur et Mademoiselle. (Il se sauve en courant.)

TANTE URSULE (se retournant).

Pierre?... la plume?... Eh bien! où est-il donc passé, ce garçon?

LE FACTEUR.

Heureusement que j'ai une plume dans ma boîte. La voilà! Ce sera plus tôt fait. (Il tend la plume et un petit encrier.)

TANTE URSULE (signant).

Mon brave facteur, vous allez vous arrêter à la

cuisine; je veux que vous buviez un verre de vin. (Aux enfants qui rentrent dans la pièce.) Robert, Lisette, venez vite, une lettre de votre père!

LISETTE.

Ah! vite, lisez-la, tante Ursule?

TANTE URSULE.

Où donc est Pierre? (Elle sonne.)

PIERRE (accourant il trébuche sur un tabouret et tombe).

Madame m'a appelé!

TANTE URSULE.

Allons, bon! quel malheureux garçon avec son étourderie continuelle!... Vous êtes-vous fait mal?

PIERRE (se frottant les genoux).

Non, madame, non, très peu...

TANTE URSULE.

Allons, emmenez le facteur à la cuisine et faites-lui boire quelque chose.

LE FACTEUR (saluant).

Madame et la compagnie, c'est pour avoir l'honneur de vous remercier. (Ils sortent).

LISETTE ET ROBERT (entourant leur tante).

Vite! vite, ma tante, ouvrez la lettre de papa.

TANTE URSULE (cherchant dans sa poche).

Où sont donc mes lunettes?

LISETTE (se précipitant vers un panier à ouvrage laissé sur la table).

Les voici, ma tante.

TANTE URSULE (s'assied, met ses lunettes. Les deux enfants restent debout devant elle).

Ah! voyons, voyons un peu ce qu'il nous dit, ce cher petit père. (Elle lit:)

« MA BONNE TANTE, MES CHERS ENFANTS,

» Mes journées sont bien longues loin de vous,
» et pourtant la mission dont je suis chargé me
» retiendra à Paris encore pour quelques mois.
» Je dois donc faire provision de patience; mais
» ce qui adoucira beaucoup pour moi la séparation,
» ce sont les bonnes nouvelles qui me viendront de
» vous.
» J'espère que Lisette et Robert sont obéissants et
» sages, qu'ils travaillent de leur mieux, et surtout
» qu'ils se montrent attentifs pour notre bonne tante,
» qu'ils ne manquent pas de lui faire sa lecture
» favorite. » (Elle s'arrête et regarde les enfants malicieusement.) Ah! ah!

ROBERT (embarrassé, à sa sœur).

Hein! Lisette!

TANTE URSULE (continuant sa lecture).

« Aussi, persuadé que mes chers enfants cherchent, » en mon absence, à me satisfaire entièrement, je » veux leur montrer combien je pense à eux : ma » lettre précédera de bien peu une caisse que j'envoie, » et qui sera en route quand vous lirez ceci. »

ROBERT ET LISETTE (frappant des mains).

Quel bonheur! Quel bonheur!

LISETTE.

Ce sont nos étrennes!

TANTE URSULE.

Laissez-moi finir. (Elle lit.) « La caisse contient un » souvenir pour Lisette et pour Robert. J'espère » que j'aurai choisi ce qui peut leur plaire?

» Adieu, ma bonne tante. Adieu, chers enfants. » Je voudrais pouvoir dire : à bientôt!

» En attendant, recevez les baisers les plus tendres de celui qui vous aime. » (Elle s'essuie les yeux. A part.) Pauvre Henri! (Aux enfants.) Eh bien! vous êtes contents, enfants, j'espère?

SCÈNE III

LES MÊMES, PIERRE

PIERRE (entr'ouvrant la porte).

Madame a sonné?

TANTE URSULE.

Sonné! Mais non, pas du tout! Ce doit être à la porte de la rue! C'est bien facile de distinguer, pourtant? Vous serez donc toujours étourdi, mon pauvre garçon! Descendez vite et allez voir. (Pierre sort.)

TANTE URSULE.

Je vous laisse quelques instants, mes enfants. Je vais aller mettre ma robe de chambre. Pendant ce temps vous finirez vos devoirs. (Elle prend la lampe, les enfants prennent leurs buvards ou serviettes et en sortent des livres et des cahiers.) Là, installez-vous bien et appliquez-vous, n'est-ce pas? (Elle regarde sa montre.) Il est cinq heures et demie; vous avez une demi-heure à travailler jusqu'au dîner. (Elle les embrasse chacun sur le front et se retire.)

ROBERT (à Lisette).

Je voudrais bien savoir qui est-ce qui a sonné tout à l'heure?

LISETTE (mystérieusement).

La caisse!... peut-être? Chut! Travaillons... (Ils se remettent au travail.)

(*La toile se baisse.*)

FIN DU DEUXIÈME ACTE

TROISIÈME ACTE

La scène se retrouve comme au premier acte. Tante Ursule, en robe de chambre, tricote au coin du feu. La lampe sur la cheminée éclaire toute la pièce.

SCÈNE PREMIÈRE

TANTE URSULE (posant son tricot sur ses genoux).

Vont-ils être étonnés, les chers enfants! La caisse qui est là, déjà; elle est arrivée presque aussitôt après la lettre de leur père. Je n'ai pas voulu interrompre leurs devoirs, et cela m'amusait de les entendre pendant le dîner faire leurs suppositions sur le contenu de la caisse... C'est égal, ce petit malin de Robert restait intrigué du coup de sonnette! Ces enfants vous ont un flair!... (Elle sonne. Un instant de silence, puis un grand bruit de chute au dehors. Elle se lève.) Bon Dieu! Qu'arrive-t-il?

SCÈNE II

LA MÊME, PIERRE

PIERRE (il entre en tenant son mouchoir sur la figure, avec un ton dolent).

Madame a sonné?

TANTE URSULE.

Eh oui!... Qu'arrive-t-il encore? Vous êtes tombé?

PIERRE.

Ce ne sera rien!... Je courais pour aller plus vite... Je saigne du nez...

TANTE URSULE.

Est-il possible? Mais c'est un souci permanent que ce garçon-là! Il finira par se tuer chez moi. Allez vous laver et revenez ensuite m'apporter ici la caisse qu'on a posée avant le dîner dans l'antichambre. Ayez soin de prendre de la lumière et ne courez pas, c'est inutile. (Pierre fait un signe de la tête et sort.)

PIERRE (revenant; il tient une caisse de moyenne dimension, et dont le couvercle tiendra très peu par les clous, de façon à le détacher facilement).

Ouf! c'est lourd!... Voilà Madame!... (il sort.)

TANTE URSULE (cherchant).

Où sont mes ciseaux pour couper la ficelle? Ah! les voilà! Il faudrait aussi un marteau! Robert en a un dans sa boîte de menuiserie.

SCÈNE III

LES MÊMES, ROBERT ET LISETTE

LISETTE (elle entre en sautillant et en chantant).

« *Il était une dame Tartine* » (Elle s'arrête.) Tiens! la caisse!

ROBERT (arrivant après sa sœur).

La caisse! Oh! j'avais deviné qu'elle devait être là!

TANTE URSULE.

Vous aurez le plaisir de l'ouvrir vous-mêmes, mes enfants. Je commence par couper la ficelle. Là! maintenant il faudrait un marteau.

ROBERT.

Je cours chercher le mien dans ma chambre, avec le ciseau pour soulever le couvercle. (Il sort.)

LISETTE (se penchant sur l'adresse et lisant :)

« *Monsieur Robert et Mlle Lisette Flinoy!* » C'est bien l'écriture de papa! C'est lui-même qui a mis l'adresse.

ROBERT (revenant avec des outils à la main).

Voilà le marteau! le ciseau! Laissez-moi faire. Je sais comment papa s'y prend.

TANTE URSULE.

Prends garde de te blesser, mon ami!

ROBERT (détachant le couvercle et enlevant des paquets de petits papiers).

Voilà qui est fait! Est-ce que je vide la caisse, tante Ursule?

TANTE URSULE.

Oui, va, va, mon enfant.

LISETTE (se précipitant et fouillant).

Laisse-moi t'aider Robert. (Elle en retire un objet enveloppé de papier qu'elle déplie aussitôt.) Oh! la belle poupée! Un bébé articulé! Qu'il est joli! Regardez, tante Ursule! Mais qu'il est grand! Il pourrait mettre nos vêtements, du temps où nous étions petits. Et qu'est-ce que c'est que ce paquet qui l'accompagne? (Elle ouvre un autre paquet attaché au premier.) Voyez! voyez! ma tante, une layette! une robe, un petit bonnet, des chaussons, des brassières, des jupons! Papa n'a rien oublié! (Elle se met à danser.) Que je suis donc contente!

ROBERT.

C'est mon tour, maintenant! (Il fouille dans la caisse.) Oh! que c'est grand! (Il retire une panoplie portant un petit costume militaire.) Un costume de hussard! C'est ce que je désirais le plus! Comme mon cousin Paul!

Mais le mien est encore plus beau... Voilà la sabretache! Tante Ursule! Est-ce que je peux mettre mon costume tout de suite?

TANTE URSULE.

Oui, essaie-le, nous verrons s'il te va bien. (Elle l'aide à endosser son costume. Pendant ce temps, Lisette passe un bonnet à sa poupée.) Charmant, charmant! Il te va à ravir. Votre père vous a gâtés, mes chers enfants. Demain, il faudra lui écrire; mais, j'espère que je n'aurai pas besoin de vous dire ce qu'il faudra mettre dans vos lettres. Cette nuit votre bon ange vous inspirera et, demain, votre cœur vous dictera ce qu'on peut écrire à un père si tendre qui se préoccupe antant de vous faire plaisir. Ce soir, vous feriez bien de vous coucher un peu plus tôt...

ROBERT.

Oh! pas encore, tante Ursule! Pas avant de... (Il parle bas à sa sœur.)

LISETTE (vivement).

(A Robert.) C'est ça! Tante Ursule, nous ne voulons pas nous coucher avant de vous faire votre lecture. Si vous voulez, nous lirons chacun à notre tour?

TANTE URSULE (attendrie).

Vrai! mes chers petits? (Elle va s'assoir et ils se mettent à ses pieds.) Alors, reprenons notre place au coin du feu...

PIERRE (ouvrant la porte).

Madame!

TANTE URSULE.

Quoi donc? Je n'ai pas sonné.

PIERRE.

Madame n'a besoin de rien? (A part.) En voilà des belles choses!

TANTE URSULE.

(A part.) Curieux, va! Non. Seulement tâchez de ne rien casser ce soir et ne venez plus nous interrompre. (Pierre sort.) Ah! mes enfants, avec d'aimables petits neveux, comme vous, qu'on se trouve bien au coin du feu! (Elle s'enfonce dans son fauteuil.)

LISETTE (prenant le livre).

Et la princesse enfermée dans la tour répétait :

» Oiseau bleu, couleur du temps,
» Vole à moi promptement! »

(Elle continue pendant que Robert pose sa tête sur les genoux de tante Ursule.)

(*La toile se baisse.*)

FIN DU TROISIÈME ET DERNIER ACTE

ROSSIGNOL ET FAUVETTE

SAYNÈTE EN 1 ACTE

PERSONNAGES

LA FAUVETTE, 6 ans | LE ROSSIGNOL, 5 ans
PLUSIEURS ENFANTS, 4 à 6 ans

Plusieurs enfants seront placés sur la scène au moment où le Rossignol et la Fauvette feront leur entrée. Ceux-ci auront comme coiffure un petit oiseau posé coquettement sur la tête: le Rossignol sur un béret blanc, la Fauvette sur une coiffe blanche.

LE ROSSIGNOL (l'air effrayé).

Oh! mon Dieu! j'aperçois des enfants! j'ai peur. On dit qu'il font du mal aux petits oiseaux, quelquefois!

LA FAUVETTE (reculant).

Moi aussi, je tremble!

UN ENFANT.

Qui donc est là, qui n'ose pas entrer? Ce sont des oiseaux! Approchez, petits oiseaux, venez nous dire votre nom.

LE ROSSIGNOL.

Je suis le Rossignol, et voici ma sœur la Fauvette. Vous ne nous avez jamais vus de près, peut-être?

LA FAUVETTE.

Nous venons bâtir notre nid; parce que voici le printemps, et c'est la saison que Dieu donne aux oiseaux pour être heureux.

UN ENFANT.

Qu'est-ce que vous faites dans votre nid, vous devez vous ennuyer?

UN AUTRE ENFANT.

Qui est-ce qui vous donne à manger?

LA FAUVETTE.

Oh! avec nos ailes, nous allons nous-mêmes chercher notre nourriture; il nous faut si peu de chose : un grain de mil, une mouche, un vermisseau.

LE ROSSIGNOL.

Une goutte de rosée nous désaltère! Vous parlez d'ennui? Mais, nous ne savons pas ce que c'est. Notre plaisir est de chanter.

LA FAUVETTE.

C'est la nuit surtout que le rossignol, mon frère, fait entendre ses jolies roulades dans vos bosquets.

LE ROSSIGNOL.

La voix de ma sœur, la fauvette, vient vous charmer à l'heure matinale.

LA FAUVETTE.

Tout en chantant l'un et l'autre, nous prenons soin de nos petits, et, à mesure qu'ils grandissent, ils essaient de répéter nos chansons.

LE ROSSIGNOL.

Le jour, plus bas que notre nid, nous apercevons les fleurs aux milles couleurs qui tapissent les prairies et les parterres.

LA FAUVETTE.

Le soir, quand nous levons les yeux, plus haut que notre nid, nous voyons les étoiles qui brillent comme des lampes suspendues à une grande voûte.

LE ROSSIGNOL.

Oui, voilà notre vie : les chants, les fleurs et les étoiles... Nous serions complètement heureux, si nous n'avions pas peur des méchants.

UN ENFANT.

Des méchants!... Qui donc voudrait vous faire du mal?

LA FAUVETTE.

Nous avons des ennemis; on les appelle : *les dénicheurs d'oiseaux*. Ma mère m'a raconté qu'ils grimpent aux arbres, et que, sans pitié pour le père et la mère qui jettent des cris de désespoir, ils emportent les œufs ou les petits, et détruisent ainsi le bonheur de toute la famille.

LE ROSSIGNOL.

Les enfants qui font cela n'ont jamais pensé aux larmes que verserait leur mère si l'on venait les arracher de ses bras! Cette idée seule arrêterait la dureté de leur cœur.

UN ENFANT.

C'est bien vrai, puisque maman dit toujours quand elle ne nous a pas vus depuis longtemps : « Oh! que la maison est triste sans enfants : c'est comme un nid sans oiseaux. »

UN AUTRE ENFANT.

Aussi, ne craignez rien, jolis oiseaux; au lieu de vous faire du mal, nous vous protégerons toujours, car nous voulons que vous soyez aussi heureux dans votre nid que nous sur le cœur de notre mère.

TOUS LES ENFANTS (en chœur).

AIR : *Maman les p'tits bateaux*.

Venez, petits oiseaux,
Vos chants si beaux,
Dans le bocage,
Charmeront à tout âge

Les promeneurs
Et les flâneurs.

LE ROSSIGNOL.

Dans les pins, sur la dune,
Le soir au clair de lune,
Vous aurez mes chansons,
Fillettes et garçons.

CHŒUR

Venez, petits oiseaux, etc.

LA FAUVETTE

Près de la maisonnette,
Si blanche, si coquette,
Mon petit cri joyeux
Dira : « Soyez heureux. »

CHŒUR

Venez, petits oiseaux, etc.

DEUX ENFANTS (ensemble).

Rossignol et Fauvette,
De loin, si l'on vous guette,
Ce sera pour jouir
Et puis vous applaudir.

CHŒUR

Venez, petits oiseaux, etc.

(*La toile se baisse.*)

DANS LA FORÊT

COMÉDIE EN 3 ACTES

PERSONNAGES

NICOLLE, 6 ans.
GASPARD, 7 ans.
LE GARDE CHAMPÊTRE, 10 ans.
M. DE VERNEUIL, 10 ans.
ALICE, fille de ce dernier, 6 ans.
Mme DE VERNEUIL, grand'mère d'ALICE, 12 ans.
MARTON, soubrette, 8 ans.

DANS LA FORÊT

PREMIER ACTE

La scène représente un sentier dans la forêt ; des arbres dénudés... Le sol sera couvert de neige (on imitera la neige avec du papier découpé), des branches de bois mort se verront à droite et à gauche.

SCÈNE PREMIÈRE

GASPARD, NICOLLE (tous deux seront couverts de pauvres vêtements, trop courts et déchirés).

GASPARD (debout avec un petit fagot de bois sur l'épaule).

Viens, Nicolle, c'est assez pour aujourd'hui. Tu vois, j'ai attaché mon fagot, il est temps de partir...

NICOLLE.

Pourquoi tant nous presser; je voudrais aussi, moi, faire un petit fagot pour le rapporter à maman. C'est si vite brûlé et il fait si froid! Laisse-moi ramasser encore quelques branches, Gaspard, dis, veux-tu?

GASPARD.

Je ne demande pas mieux, ma petite Nicolle, mais j'ai peur, vois-tu, parce que si nous restons trop longtemps, nous serons vus par le garde champêtre.

NICOLLE (continuant à ramasser des branches).

Il est donc bien méchant?... Là, encore cette petite branche. Est-ce qu'on fait du mal quand on va chercher un peu de bois mort dans la forêt et qu'on a une mère malade qui souffre du froid?

GASPARD.

Eh! non; nous ne faisons pas grand mal; mais la forêt est au monsieur du château et le garde champêtre est là pour défendre ce qui lui appartient.

NICOLLE.

Est-ce qu'il nous ferait mettre en prison, Gaspard, s'il nous trouvait ici? Oh! il audrait le cœur bien dur! Attends, je vais te suivre j'en ai presque autant que toi, maintenant. (Elle continue à ramasser et à se baisser.) Nous allons rapporter à maman de quoi la réchauffer pour plusieurs jours...

SCÈNE II

LES MÊMES, LE GARDE CHAMPÊTRE

LE GARDE CHAMPÊTRE (avec une voix dure).

Ah! ah! je vous y attrape, petits vagabonds! C'est vous qui venez ici prendre le bois qui ne vous appartient pas!

NICOLLE (joignant les mains).

Oh! monsieur, pardonnez-nous; maman est si malade et il fait si froid!

GASPARD.

Monsieur, nous ne recommencerons plus, je vous le promets...

LE GARDE CHAMPÊTRE.

C'est bon, c'est bon, nous verrons cela plus tard. En attendant, vous allez me suivre, car, je viens de vous prendre en flagrant délit de vol.

NICOLLE (tombant à genoux).

Oh! monsieur, que dira maman, si elle ne nous voit pas revenir? Elle nous croira perdus!

LE GARDE CHAMPÊTRE.

Taisez-vous! Ce n'est pas la premièrе fois que je rencontre de jeunes vauriens de votre espèce. Il faut un exemple à la fin. Mon procès-verbal est prêt, suivez-moi.

LES ENFANTS (pleurant).

Oh! monsieur! monsieur! ayez pitié de nous!

LE GARDE CHAMPÊTRE (il les pousse devant lui).

Allez, allez, marchez!

NICOLLE (criant).

Maman! ma pauvre maman!

(*La toile se baisse.*)

FIN DU PREMIER ACTE

DEUXIÈME ACTE

La scène se passe au château. — Chambre-bibliothèque. Mme de Verneuil assise dans un coin, travaille à un petit jupon de laine. Alice, assise à une grande table, fait une page d'écriture. Devant Mme de Verneuil, un guéridon avec des journaux et des livres. La grand'mère sera costumée en vieille dame du temps de Louis XV. Jupe à ramages, cheveux poudrés, mantelet couvrant la taille. Alice en robe de soie, avec petit cotillon relevé sur la jupe, cheveux poudrés, corsage ouvert et manches à sabot. Marton, la soubrette, portera une jupe rayée avec un cotillon relevé. Tablier de mousseline à bavette, petit fichu de mousseline, cheveux poudrés avec petit bonnet de dentelle.

SCÈNE PREMIÈRE

Mme DE VERNEUIL, ALICE

Mme DE VERNEUIL (ôtant ses lunettes qu'elle essuie avec un mouchoir).

Je commence à avoir les yeux fatigués. Il faut que je cesse un instant de travailler.

ALICE (se levant).

Voyons, bonne maman, si le jupon est bien avancé. (Elle le touche.) Oh! il est presque fini! La petite Jeanne va être très contente, quand vous lui donnerez ce joli jupon! J'irai le lui porter avec vous, n'est-ce pas, bonne maman?

Mme DE VERNEUIL.

Certainement, ma chérie. Je t'emmènerai si je suis satisfaite de toi. As-tu terminé ta page? Montre-la-moi?

ALICE.

La voilà, bonne maman. Aujourd'hui, je me suis beaucoup appliquée et je n'ai pas fait un seul pâté; regardez. (Elle porte son cahier à sa grand'mère.)

Mme DE VERNEUIL. (mettant ses lunettes et examinant la page).

C'est bien, c'est très bien, ma petite Alice. Tu pourras montrer cette page à ton père, il y a du progrès. Repose-toi maintenant, mon enfant, et viens m'aider à dévider ma laine. Tu tiendras l'écheveau. Mais où est donc ma tabatière? Je l'avais là, tout à l'heure.

ALICE (regarde et remue les objets sur la table).

Je la vois... Tenez, bonne maman, elle était dans votre corbeille à ouvrage.

Mme DE VERNEUIL.

Merci, ma petite-fille. (Elle prise.) Ce tabac d'Espagne est vraiment excellent. C'est ton père qui me l'a choisi; il s'y entend. (Elle prend l'écheveau de laine.) Tends tes deux mains, mignonne, que je place mon écheveau; tiens-les bien fermes! (Elle commence à dévider la laine, on entend sonner une horloge.) C'est onze heures, qui sonnent, je crois?

ALICE (comptant à mi-voix les onze coups).

Oui, bonne maman, c'est onze heures, j'ai compté les coups!

Mme DE VERNEUIL.

Alors, Marton va nous apporter notre chocolat. Je lui ai dit que ce matin nous déjeunerions ici, parce que c'est la bibliothèque qui est la pièce la mieux chauffée du château. Il fait un froid terrible depuis quelques jours!...

ALICE.

Les pauvres petits oiseaux ne doivent savoir où aller maintenant pour se mettre à l'abri!

Mme DE VERNEUIL.

Et tant de malheureux qui sont sans bois, sans vêtements; tant de mères infortunées qui voient souffrir leurs enfants sans pouvoir leur donner ce qui leur est nécessaire! Quelle douleur pour elles! C'est à nous d'y penser pour les aider et les soulager!

ALICE.

Oh! oui, bonne maman! Pauvres petits enfants! Et moi qui suis si heureuse ici auprès de vous! Je voudrais tout partager avec eux : ce bon feu, ce chocolat que j'aime tant, tous mes jouets aussi. (On frappe.)

Mme DE VERNEUIL

Entrez?

SCÈNE II

LES MÊMES, MARTON

MARTON (tenant un plateau avec le déjeuner : tasses, pot de chocolat, et petits pains).

J'apporte le déjeuner ici, comme Madame la comtesse me l'a recommandé. M. le comte ne viendra pas. Il est parti ce matin pour la chasse et m'a chargée d'avertir madame et mademoiselle de ne pas l'attendre pour déjeuner. (Elle place le déjeuner sur le petit guéridon après avoir enlevé les objets qui s'y trouvaient.)

ALICE.

Comme c'est ennuyeux! Alors je ne verrai pas papa ce matin?

MARTON (versant le chocolat).

M. le comte a dit aussi qu'il voulait passer chez le garde champêtre pour lui faire quelques recommandations. Ah! je me doute bien lesquelles! Madame la comtesse me permet de dire mon idée là-dessus?

Mme DE VERNEUIL commençant à manger en face d'Alice).

Dis, Marton, dis, ma fille?

MARTON.

Eh bien, c'est que le garde champêtre est un vieux dur à cuir, très méchant pour le pauvre monde.

Ainsi, on raconte dans le village que depuis quelque temps il s'est mis à arrêter tous ceux qui vont ramasser du bois mort dans la forêt.

Mme DE VERNEUIL.

Allons, allons, Marton; tu parles sans savoir. C'est un brave homme, un ancien militaire très dévoué à mon fils. Il est obligé de faire son devoir quand il se trouve en face de braconniers ou de vagabonds qui rôdent autour du château. Ce que tu dis est exagéré.

MARTON (secouant la tête).

Je ne veux rien soutenir à madame la comtesse, mais ça n'empêche pas que c't' homme-là est un vrai croquemitaine qui fait peur aux petits et même aux grands.

ALICE.

A quelle heure papa doit-il rentrer?

Mme DE VERNEUIL.

Vers deux heures, cette après-midi probablement. C'est son heure habituelle, au moment de l'arrivée du courrier.

ALICE.

Alors, si vous le voulez, bonne maman, nous irons nous promener sur la terrasse et nous serons les premières à le voir venir. Je porterai, en même temps, des miettes de pain aux petits oiseaux, comme l'autre jour... Il y en avait qui venaient voler jusque sur mon épaule, sur ma tête! Qu'ils étaient gentils! Vous voulez, dites, bonne maman?

Mme DE VERNEUIL.

Je ne demande pas mieux; mais il faudra bien nous couvrir. En attendant, vas te mettre au piano pour faire tes exercices, mignonne, et moi, dans mon fauteuil, je vais dormir quelques instants. (Alice se met au piano et fait des gammes. Mme de Verneuil s'étend dans un fauteuil et ferme les yeux.)

MARTON (emportant le plateau du déjeuner).

Je vas préparer le sac de miettes de pain, mademoiselle,... pour les oiseaux!... A la bonne heure au moins, mademoiselle a le cœur tendre... ce n'est pas comme le garde champêtre! (Elle sort.)

(*La toile se baisse.*)

FIN DU DEUXIÈME ACTE

TROISIÈME ACTE

La scène représente une allée du jardin. Quelques rosiers dénudés et alignés simuleront une plate-bande. Sur un des côtés, un banc de jardin, abrité sous une sorte d'avant-toit recouvert de paille. Mme de Verneuil enveloppée dans un grand manteau, la tête encapuchonnée, les mains dans un gros manchon, sera assise sur le banc. Alice, également enveloppée d'un gros manteau, la tête encapuchonnée, tiendra à la main un sac rempli de miettes de pain dont elle jettera des poignées aux oiseaux. Du papier découpé ou des flocons de ouate simuleront la neige sur les vêtements et l'allée du jardin. Pour la vérité du tableau, on pourra placer, avec adresse, deux ou trois petits oiseaux empaillés sur le sol.

SCÈNE PREMIÈRE

Mme DE VERNEUIL, ALICE

Mme DE VERNEUIL (prenant son lorgnon).

Je ne vois pas venir ton père, Alice, et nous allons être obligées de rentrer, car je crains que tu ne t'en rhumes en restant davantage.

ALICE.

Encore un instant, bonne maman, je vous en prie ! Je n'ai pas froid du tout, et je voudrais voir manger ce petit oiseau qui vient d'arriver après les autres.

(On entend un bruit.) Ah! un coup de fusil! Avez-vous entendu? C'est papa! Il ne doit pas être loin. (On en- entend un aboiement.) C'est Médor qui aboie! Papa arrive; je ne me trompe pas!

Mme DE VERNEUIL (se levant et lorgnant au-dessus du banc).

Tu as raison, mignonne. Voilà ton père; il monte le petit chemin qui conduit au pied de la terrasse. Bon! il s'arrête avec le facteur qui lui remet son courrier.

ALICE.

Bonne maman, vous le permettez, n'est-ce pas? Je cours au-devant de lui! (Elle s'élance par un des côtés de la scène.)

Mme DE VERNEUIL (seule).

La chère petite n'a pas attendu ma permission. Mais je lui pardonne pour son empressement à revoir son père. Quel bon petit cœur! Sa tendresse pour les oiseaux m'attendrit. J'aime à trouver, chez elle, cette disposition à venir en aide à ceux qui souffrent... (Alice reparaît donnant la main à son père.) (A part.) Est-elle charmante ainsi! Le froid a coloré ses joues et lui donne un air de santé qui fait plaisir à voir!

SCÈNE II

Mme DE VERNEUIL, M. DE VERNEUIL, ALICE

M. DE VERNEUIL (en costume de chasse, il se découvre devant sa mère).

Eh bien! ma mère, comment avez-vous passé la nuit?

Mme DE VERNEUIL.

Très bien, mon fils. Et vous, avez-vous fait bonne chasse?

M. DE VERNEUIL.

Je suis allé jusqu'à l'étang; il y a, d'ici, deux bonnes lieues, comme vous savez. Mais c'est le moment où passent les canards sauvages, et je vous rapporte de quoi manger un salmis. (Il ouvre sa carnassière et montre son gibier.) Regardez!

ALICE.

Pauvres bêtes! Les jolies plumes! Oh! voilà du sang!

M. DE VERNEUIL.

Un de ces jours nous organiserons, avec mes amis, une belle chasse au cerf, dans la forêt. Mais il paraît qu'il y a des braconniers qui s'attaquent à notre gibier, aussi je fais surveiller sévèrement partout...

SCÈNE III

LES MÊMES, MARTON, LE GARDE CHAMPÊTRE, GASPARD et NICOLLE

(On apercevra le garde champêtre et les deux enfants qui se tiendront à distance).

MARTON.

(A part.) Vilain croquemitaine, va! C'est bon, nous allons voir!

M. DE VERNEUIL (se retournant).

Ah! c'est toi, Marton?

MARTON.

J'amène quelqu'un qui voudrait parler à M. le comte.

M. DE VERNEUIL.

Qui donc?

MARTON.

Le garde champêtre...

M. DE VERNEUIL.

Ah! mon brave Antoine!

MARTON.

Il traîne derrière lui deux pauvres petits enfants qui ont l'air bien malheureux et qui pleurent.

ALICE.

C'est vrai, les voilà! Mon Dieu, qu'ont-ils donc fait? (Le garde champêtre et les enfants s'approchent.)

M. DE VERNEUIL.

Qui nous amènes-tu là, mon vieil Antoine?

LE GARDE CHAMPÊTRE (poussant les enfants).

De jeunes vagabonds, Monsieur le comte, que j'ai surpris volant votre bois...

Mme DE VERNEUIL (se rapprochant).

Pauvres petits, ils paraissent très innocents.

MARTON.

Madame la comtesse a bien raison!

ALICE (tirant son père par sa manche).

Papa, papa, je vous en prie, faites leur grâce?...

M. DE VERNEUIL.

Je veux d'abord les interroger. Approchez, mes enfants. Quel âge as-tu, mon ami?

GASPARD.

J'ai sept ans, monsieur.

M. DE VERNEUIL.

Et toi, ma petite?

NICOLLE.

J'aurai six ans le mois prochain, monsieur.

M. DE VERNEUIL.

Que font vos parents, mes enfants?

GASPARD.

Papa sciait des planches, il est mort. (Il pleure.) Mon pauvre papa!... L'hiver dernier, il est rentré un soir en toussant bien fort... Il s'est mis au lit... et puis, quelques jours après, on nous a amenés chez une voisine et nous ne l'avons plus revu quand nous sommes revenus. Son lit était vide et maman pleurait; depuis, elle est toujours malade.

NICOLLE (s'enhardissant).

Et il fait si froid dans notre cabane... nous n'avions pas d'argent pour acheter du bois, alors j'ai dit à Gaspard : « Allons ramasser quelques branches, dans la forêt, pour réchauffer maman » (Elle joint les mains et tombe à genoux.) Oh! monsieur, ne nous faites pas aller en prison, nous ne recommencerons plus.

ALICE (pleurant).

Papa, papa! pardonnez-leur?

M. DE VERNEUIL (ému).

Rassurez-vous! mes pauvres enfants, vous n'aviez l'intention de faire aucun mal et le motif qui vous a poussés est très louable. (Au garde champêtre.) Cette fois, mon ami, tu as été réellement trop sévère...

LE GARDE CHAMPÊTRE.

Monsieur le comte, moi je ne connais qu'une loi, sans exception pour personne. Du reste si Monsieur le comte est mécontent de moi...

M. DE VERNEUIL.

Allons, ne va pas t'emporter maintenant. Heureusement que je te connais et que tu es moins terrible que tu n'en as l'air. Tu vas aller au village, tu prendras quelques renseignements auprès de Monsieur le curé, de Monsieur le bourgmestre et de quelques amis à toi, si tu veux, sur la famille de ces enfants, et tu me rendras compte de ce qu'on t'aura appris.

LE GARDE CHAMPÊTRE.

C'est une enquête que M. le comte me demande?... C'est bien, je ferai en sorte de remplir de mon mieux cette mission de confiance!

MARTON (à part).

Le vieux dur à cuir se radoucit!

ALICE.

Papa, qu'allez-vous faire de ces pauvres enfants?

M. DE VERNEUIL.

Tu voudrais les garder ici; je vois ça, ma chérie?

Mme DE VERNEUIL.

Moi, je propose de les reconduire à leur mère qui doit s'inquiéter de leur longue absence. Alice, tu viendras avec moi, mon enfant, et nous porterons, à cette pauvre famille, les secours les plus pressés : du bois, quelques vêtements chauds, du vin, du bouillon, tout ce qu'il faut, enfin, pour réconforter un malade et faire du bien à ces deux intéressants enfants.

GASPARD ET NICOLLE.

Oh! merci, madame, merci!

MARTON.

Madame la comtesse me permet-elle de l'accompagner?

Mme DE VERNEUIL.

Je veux bien, ma fille, je veux bien!

MARTON.

Alors, je cours en avant pour faire les paquets.

LE GARDE CHAMPÊTRE.

Si Monsieur le comte le veut, je les porterai, car, ça sera un peu lourd, et, de là, j'irai faire l'enquête au village.

M. DE VERNEUIL.

Va, mon bravo, va! Emporte, en même temps, ce gibier au château. (Il lui tend sa carnassière.)

LE GARDE CHAMPÊTRE.

Mademoiselle Marton, je vous suis, alors!

MARTON (riant).

Décidément il se convertit! (Tous deux font un pas en avant pour partir.)

ALICE.

Bonne maman, que je suis heureuse! J'ai deviné que papa veut faire venir ces pauvres gens au château!

Mme DE VERNEUIL (se retournant).

Juste, mon enfant; mon fermier m'a demandé une femme pour faire certains ouvrages, à la ferme; si les renseignements sont bons, nous lui enverrons la mère de ces protégés. On trouvera à les loger tous les trois et tu pourras continuer à t'en occuper.

ALICE.

Oh! que vous êtes bon, papa, et que je vous aime! (Elle baise la main de son père.) Le garde champêtre n'est pas si fâché qu'on l'avait cru de n'avoir pu faire à sa tête, n'est-ce pas bonne maman?

Mme DE VERNEUIL (lui posant la main sur la tête).

C'est vrai, mon enfant, et la petite scène dont tu viens d'être témoin, te fait voir que quand il s'agit de charité, on ne doit pas trop raisonner : Il ne faut pas toujours, lorsqu'il s'agit d'une bonne action, écouter ce que dit la tête; il vaut mieux souvent s'inspirer de son cœur, (La grand'mère sera placée derrière sa petite-fille, M. de Verneuil, à côté d'elle, approuvera de la tête. — Marton et le garde champêtre s'arrêteront un peu en arrière pour écouter. Tous saluent.)

(La toile se baisse.)

FIN DU TROISIÈME ET DERNIER ACTE

LA KERMESSE

SAYNÈTE EN 1 ACTE

PERSONNAGES

PIERROT, 8 ans. | COLOMBINE, 7 ans.

MARCHANDS, MARCHANDES et PROMENEURS, 4 à 6 ans.

De chaque côté de la scène, des tables garnies de fruits, de bonbons, de nonnettes, de bâtons de sucre de pomme, de polichinelles, de jouets variés. Allant et venant, de petites marchandes; une petite marchande de bouquets, un petit marchand d'*oublis* et de macarons.

Au fond, un théâtre de Guignol : devant le théâtre, un garçon habillé en pierrot et une petite fille en Colombine feront la parade. Si la scène est assez grande, on verra se promener de petits messieurs et de petites dames.

CHŒUR (la moitié des enfants).

AIR : *Les petits chiffons, les petites marionnettes.*

La Kermesse, enfants,
Vous offre gâteaux, nonnettes,
La Kermesse, enfants,
Est pour vous, petits et grands.

CHOEUR (l'autre moitié des enfants).

Aux petits marchands,
Tendez chapeaux et casquettes ;
Aux petits marchands,
Achetez morceaux friands.

UNE MARCHANDE (criant).

Achetez des gâteaux, Messieurs, Mesdames, achetez des gâteaux! Brioches, madeleines, petits fours, tartes à la crème, aux pommes, à la confiture, babas, nougats, biscuits, achetez, choisissez!

PIERROT (criant et battant la grosse caisse alternativement).

Entrez dans ma baraque! c'est deux sous pour les messieurs, un sou pour les dames, rien du tout pour les enfants! Entrez! le spectacle commence. Boum! boum! On voit Guignol qui assomme un gendarme. Boum! boum! (Chantant).

Croyez-en Pierrot,
Entrez si vous voulez rire;
Croyez-en Pierrot.
Car Pierrot n'est pas un sot (Boum! boum!)

COLOMBINE.

Pierrot peut mentir,
On le voit rien qu'à sa mine,
Pierrot peut mentir
Mais, non jamais Colombine! (Boum! boum!)

LE PETIT MARCHAND D'OUBLIS.

Les oublis! les oublis! les macarons! les macarons! Tirez mon petit monsieur? Et vous ma petite demoisello, approchez, n'ayez pas peur! (Deux enfants s'approchent et tirent).

CHŒUR (tous les enfants).

La Kermesse, enfants,
Vous offre gâteaux, nonnettes,
La Kermesse, enfants,
Est pour vous petits et grands.

Aux petits marchands,
Tendez chapeaux et casquettes.
Aux petits marchands,
Achetez morceaux friands.

LA PETITE MARCHANDE DE FLEURS (criant).

Achetez-moi des fleurs! des violettes, des violettes! du réséda! des marguerites! Des roses aussi fraîches que vos joues, mesdames. (Chantant.)

Je fais des bouquets
Pour mettre à la boutonnière.
Je fais des bouquets
Toujours jolis et coquets.

On trouve chez moi,
Avec la fleur printanière;
On trouve chez moi,
Gentillesse et bonne foi.

UN PAUVRE AVEUGLE (conduit par un enfant).

La charité, Messieurs, Mesdames! La charité, s'il vous plaît.

L'ENFANT (chantant).

Rien que quelques sous,
Donnez, c'est pour mon grand-père;
Rien que quelques sous,
Puisqu'on est heureux chez vous.

LES PROMENEURS (donnant à l'enfant).

Oh! de bien bon cœur,
Nous soulageons la misère;
Oh! de bien bon cœur,
Tendons la main au malheur.

UN ENFANT DE QUATRE ANS (à un autre plus grand).

Je n'aurais pas pu m'amuser, moi, si je n'avais pas donné un sou à ce pauvre aveugle et à son enfant. Comme c'est malheureux, papa, d'être obligé de mendier.

LE PÈRE.

Oh! oui, mon ami! aussi il ne faut pas mépriser ceux qui le font par suite d'une infirmité; il faut les plaindre et essayer de les soulager. Si tu veux, maintenant que nous avons fait le tour de la foire, nous allons entrer dans la baraque.

(Les cris et les coups de grosse caisse recommencent).

CHŒUR FINAL.

TOUS LES ENFANTS (chantent en défilant).

La Kermesse, enfants,
Nous offre gâteaux, nonnettes
La Kermesse, enfants
Est pour nous petits et grands.

Aux petits marchands.
Tendons chapeaux et casquettes,
Aux petits marchands,
Achetons morceaux friands.

(*La toile se baisse.*)

CHEZ M. FIGARO

COMÉDIE EN 1 ACTE

PERSONNAGES

FIGARO, barbier-coiffeur, 10 ans.

Mme FIGARO, sa femme, 9 ans.

UN GARÇON COIFFEUR, 6 ans.

UN MÉDECIN, 12 ans.

UNE JOUEUSE D'ORGUE DE BARBARIE, 8 ans.

SON PETIT FRÈRE, 5 ans.

UNE DAME, 10 ans.

PETIT GARÇON, 4 ans.

PETITE FILLE, 6 ans, tous deux enfants de la Dame.

CHEZ M. FIGARO

La scène représente l'intérieur d'une petite boutique de coiffeur : flacons, savons, éponges, brosses, etc., en étalage. Le médecin sera assis devant une glace, une serviette au cou. Figaro devant lui, le blaireau à la main, lui passera le savon sous le menton. Le garçon sera occupé à regarder dans la rue tout en arrangeant la devanture.

SCÈNE PREMIÈRE

LE MÉDECIN, FIGARO, LE GARÇON

FIGARO.

Oui, Monsieur le docteur, c'est comme j'ai l'honneur de vous le dire, tous mes clients, en ce moment, sont atteints de l'*influenza*. Voilà une maladie qui nous tue, nous autres coiffeurs! Je m'explique : qui nous tue moralement quand elle ne nous fait pas mourir pour de bon...

LE MÉDECIN.

Aïe! vous m'avez mis du savon dans l'œil, Monsieur Figaro!... Comment, qui vous tue moralement?...

FIGARO.

Mais oui, Monsieur, vous allez comprendre... Si tout le monde est malade, plus de plaisirs, plus de fêtes, plus rien... Plus de visites, plus de grands dîners, plus de représentations de gala, et, alors, par conséquent, plus de visages à raser, plus de coiffures à faire, plus de barbes à tailler avec art... Le coiffeur est le compagnon des jours heureux; ainsi, concluez : l'*influenza* est l'ennemie du coiffeur. (Tout en parlant, Figaro a échangé son blaireau contre un rasoir et commence à raser.)

LE MÉDECIN (se reculant vivement).

Oh! là là! Monsieur Figaro, vous m'avez coupé!

FIGARO.

Vous croyez?

LE MÉDECIN.

Comment, si je crois? Mais le sang coule!... Je dois avoir une fameuse entaille! C'est bien agréable pour faire mes visites du jour de l'an!

FIGARO.

Ah! pardon, ce n'est rien, c'est en causant. Je vais vous mettre seulement un petit morceau de taffetas d'Angleterre. (Il cherche dans un tiroir.)

LE MÉDECIN.

Ne cherchez pas, j'en ai là dans ma poche... Un médecin est toujours pourvu de ces choses-là.

LE GARÇON (accourant).

Monsieur! Monsieur!

FIGARO (se retournant avec un soubresaut).

Eh bien, quoi? M'a-t il fait peur, cet animal!

LE GARÇON.

C'est pourtant une bonne nouvelle que je vous apporte. Voici une dame et des enfants qui arrivent pour acheter quelque chose, bien sûr! Les enfants ont longtemps regardé les jouets à la vitrine...

FIGARO (collant le taffetas d'Angleterre sur la joue du docteur).

Bon! voilà qui est fait. (Au garçon.) C'est bien, mon garçon. (A part.) Si cela va ainsi, ma foi, j'abandonnerai le métier de coiffeur et je me ferai marchand de jouets. J'ai eu l'idée, cette année, d'en avoir quelques-uns en dépôt, et tenez, docteur, ça, c'est un métier que l'*influenza* ne parviendra pas à tuer...

LE MÉDECIN.

Mon cher Figaro, vous vous croyez donc bien à

plaindre! Il y a des gens plus malheureux que vous, allez!...

LE GARÇON (à Figaro).

Les voici!

SCÈNE II

LES MÊMES, UNE DAME, UNE PETITE FILLE, UN PETIT GARÇON

FIGARO (s'avançant et saluant).

Madame!

LA DAME.

Monsieur, je voudrais voir une petite poupée de satin blanc, qui plaît à ma fille, et qu'elle a aperçue dans la vitrine.

LE PETIT GARÇON (bas à sa mère).

Maman, tu ne demandes pas le jeu des petits chevaux?...

LA DAME.

Si, attends un peu!

FIGARO

On vous sert à l'instant, Madame. Ma femme va vous faire voir ce que vous désirez. (Au docteur.) Je suis à vous, Monsieur. (Il retourne auprès du docteur et l'aide à s'essuyer le visage et à enlever sa serviette.)

SCÈNE III

LES MÊMES, Mme FIGARO

Mme Figaro (saluant).

Que désire Madame? (Elle offre des chaises.)

La dame.

Montrez-moi la poupée en satin blanc et le jeu des petits chevaux qui sont dans la vitrine.

Mme Figaro (Elle apporte la poupée).

(Au garçon.) Apportez ici le jeu des petits chevaux. Prenez garde de rien déranger dans la vitrine.

La dame.

Combien cette poupée?

Mme Figaro.

Vingt-cinq francs, madame.

La dame.

C'est bien cher!

Le médecin (à Figaro).

Quelles folies on fait maintenant pour les enfants!

Mme Figaro.

Elle est très bien habillée, Madame. La tête est très fine, voyez?

LA DAME.

Et les petits chevaux, combien?

Mme FIGARO (les prenant des mains du garçon).

C'est dix-huit francs cinquante.

LE MÉDECIN (s'avance près de la porte pour sortir et salue).

Pardon, madame! (A ce moment on entend le son d'un orgue de Barbarie et l'on aperçoit une petite fille jouant de l'orgue et suivie de son petit frère. Le docteur s'arrête.) Oh! les pauvres petits! Comme ils ont l'air malheureux!

LA PETITE FILLE (tirant sa mère par le bras).

Maman, maman, regarde!

LA DAME (à Mme Figaro).

Il faudrait leur permettre d'entrer.

Mme FIGARO.

Volontiers, Madame. (Elle ouvre la porte.) Entrez, petits. Vous pouvez chanter ici.

SCÈNE IV

LES MÊMES, LA PETITE JOUEUSE D'ORGUE AVEC SON PETIT FRÈRE

LA PETITE JOUEUSE D'ORGUE (chantant; chacun fait cercle autour d'elle).

AIR[1]: *Pauvre Jacques, quand j'étais près de toi.*

Mes bons messieurs, écoutez mes chansons,
Daignez entendre ma prière;
Voici venir l'hiver et les glaçons,
Pour nous, c'est la sombre misère (*bis*).

Ma mère au lit, notre foyer sans feu,
Chez nous, ni chaleur ni lumière;
Et cependant il nous faudrait si peu
Pour nous rendre la joie entière.

LE MÉDECIN (après qu'elle a chanté).

Votre mère est malade, mon enfant?

LA PETITE JOUEUSE D'ORGUE.

Oh! oui, Monsieur, bien malade et nous n'avons pas d'argent pour acheter des remèdes...

LA PETITE FILLE (à sa mère).

Maman, demande-leur s'ils ont eu des étrennes?

LA PETITE JOUEUSE D'ORGUE (se retournant).

Des étrennes! Oh! jamais, nous ne savons pas ce que c'est! Pourtant (elle se cache la figure dans son tablier) mon petit frère me demande tous les jours de lui acheter un pantin, mais, hi! hi!... (elle pleure) je ne peux pas; quand je gagne quelques sous en chantant, c'est pour acheter du pain.

LE PETIT GARÇON ET LA PETITE FILLE (se jetant dans les bras de leur mère).

Oh! maman, que c'est triste! (Ils lui parlent bas.)

LA DAME.

Oui, mes chers enfants, j'ai eu la même pensée que vous. Madame Figaro, nous vous laissons la poupée et les petits chevaux. C'est trop cher! Donnez-nous ce pantin qui est là. Bien. (Elle le donne au pauvre enfant.) Voilà pour toi, mon cher petit, et l'argent que j'allais follement dépenser en étrennes inutiles, mes enfants désirent que nous allions le porter à votre mère malade. (A la petite joueuse d'orgue.) Donnez-nous votre adresse, ma petite?

LE MÉDECIN (essuyant son lorgnon avec son mouchoir et s'avançant en saluant).

Permettez-moi, Madame, de m'associer à votre bonne œuvre. (A la petite.) Je vais prendre aussi votre adresse, mon enfant. Aujourd'hui même votre pauvre mère aura le médecin et les remèdes sans que cela lui coûte rien.

LA PETITE JOUEUSE D'ORGUE.

Oh! merci! merci! que vous êtes bon, Monsieur! merci! mille fois, Madame!

FIGARO (à sa femme).

Et nous, Madame Figaro, que pouvons-nous faire?... (Il réfléchit.) Ah! une idée! Nous allons préparer une petite caisse de savons et autres marchandises que la petite vendra à son profit. (La petite joueuse d'orgue lui fait une révérence.) (A part.) Décidément, je le vois il y a plus malheureux que moi en ce monde, et la boutique de Figaro est bonne à quelque chose. (Il chante.)

Donnez! donnez! c'est un bon numéro,
Pour vous-même, à la loterie;
Et croyez-en le petit Figaro,
Dieu vous le rendra dans la vie. (*bis*).

LE PETIT GARÇON ET LA PETITE FILLE.

Dans le soulier du petit orphelin,
Laissé près de la cheminée,
Mettons aussi des bonbons, un pantin,
Pour l'égayer toute l'année.

TOUS LES ACTEURS.

Donnez, donnez, c'est un bon numéro, etc.

(Ils saluent).

(*La toile se baisse.*)

LES PETITS PÊCHEURS NAPOLITAINS

COMÉDIE EN 2 ACTES

PERSONNAGES

DOMINGO, père de PIETRO et de CARLOTTA, 12 ans.

PIETRO, CARLOTTA, frère et sœur, 6 et 7 ans.

MARGHARITA, une voisine, 10 ans.

PETITS GARÇONS et PETITES FILLES, voisins et camarades de PIETRO et de CARLOTTA.

LES PETITS PÊCHEURS NAPOLITAINS

PREMIER ACTE

La scène représente l'intérieur d'une cabane de pêcheurs : quelques filets suspendus au mur. Margharita, femme napolitaine, sera occupée à travailler à un filet. Jupe de couleur à rayures vives. Tablier rayé de couleur. Corsage de velours noir avec chemisette blanche. Coiffure napolitaine.

SCÈNE PREMIÈRE

MARGHARITA (posant son filet).

Voilà encore un filet fini, un de plus à vendre! Ah! je crois que dans tous les faubourgs de Naples, il n'y a pas de plus habile que Margharita pour faire lestement un filet. Sans compter, que, comme tant d'autres, elle ne dédaigne rien; elle raccommode le vieux aussi bien qu'elle fabrique le neuf. Les pêcheurs le savent bien aussi... (On frappe à la porte.)

SCÈNE II

MARGHARITA, PIETRO, CARLOTTA

Pietro, costume napolitain, bonnet rouge, souliers avec rubans croisés autour de la jambe, manches de chemise, cape brune sur l'épaule. Carlotta, costume dans le genre de celui de Margharita.

CARLOTTA ET PIETRO (ce dernier avec son bonnet à la main).

Bonjour, Margharita!

MARGHARITA.

Ah! c'est vous, les enfants? Bonjour, mes petits voisins, bonjour! Est-ce qu'on m'apporte de l'ouvrage? Le père a t-il fait bonne pêche hier? Quelque gros poisson a cassé son filet, peut-être?

CARLOTTA.

Hé non! mon Dieu! Nous aimerions bien mieux que ce soit quelque chose comme ça qui nous amène auprès de vous. Mais si vous saviez, comme on est triste chez nous! Papa s'est piqué le pouce avec une grosse arête de poisson, le médecin a dit que ce serait très long avant qu'il soit guéri.

PIETRO.

Et il ne pourra plus rien faire pendant quelque temps. Il raccommodait toujours ses filets lui-même; nous voudrions bien pouvoir le faire à sa place, mais nous ne savons pas. Voulez-vous nous apprendre, Margharita?

MARGHARITA.

Volontiers, mes chers enfants. C'est bien ça, de votre part, d'essayer de rendre service à votre père, car votre mère est très occupée, n'est-ce pas?

CARLOTTA.

Oh! oui, elle soigne la petite Giuletta, qui n'a que trois mois, et puis, elle a le ménage, nos habits à tous, qu'elle coud elle-même; elle a beaucoup à faire, maman! Elle dit toujours que les journées ne sont pas assez longues... Mais, montrez-moi donc comment on tient un filet?

MARGHARITA.

Tiens, Carlotta, prends ce petit escabeau et mets-toi là. (Elle lui pose un filet sur les genoux.) Assieds-toi à côté de ta sœur, Pietro. (Elle lui place également un autre filet sur les genoux.) Vous avez dû avoir très chaud pour venir? Attendez, vous allez boire un peu de cerisette. Carlotta, va prendre aussi la corbeille de fruits dans le buffet. (Carlotta va et revient.) Là, partagez-vous cette orange, mes enfants. Maintenant, à l'ouvrage. Tu ne veux pas faire le métier de lazzarone, je crois, Pietro, et passer ta vie à tendre la main aux passants? Moi, tenez, mes enfants, j'ai toujours travaillé de façon à avoir un petit plat de macaroni tous les jours, du pain dans l'armoire, un costume propret, et Margharita, telle que vous la voyez, a encore pu donner quelquefois à plus pauvre qu'elle. (On entend des cris au dehors.) Mais qu'est-ce donc que ce bruit?

PIETRO (se levant.)

Je vais voir.

SCÈNE II

LES MÊMES, PETITS GARÇONS ET PETITES FILLES NAPOLITAINS ACCOURANT SUR LA SCÈNE (portant un panier rempli de poissons.)

PETITS GARÇONS, PETITES FILLES (ensemble.)

Carlotta! Pietro! Où êtes-vous?

PIETRO (qui s'est avancé.)

Nous voilà! Qu'est-ce qu'il y a donc?

UNE PETITE FILLE (montrant la fenêtre.)

Vous ne savez pas? Papa a fait une pêche magnifique. (Elle s'arrête.) Bonjour, Margharita. (Tous les enfants saluent.)

UN PETIT GARÇON.

Nous vous avons cherché partout et l'on nous a dit que vous étiez venus ici. Qu'est-ce que vous faites donc? Tout à l'heure quand nous sommes allés au devant des pêcheurs, nous ne vous avons pas vus! On vient de faire le partage des poissons et tout le monde a été d'accord pour mettre de côté les plus gros afin de les envoyer à votre père qui ne peut plus aller à la pêche en ce moment. Votre mère les vendra, n'est-ce pas, et.....

CARLOTTA.

Merci, oh! merci! Comme vous êtes bons, tous, pour papa et pour nous. Suivez-nous à la maison, voulez-vous?

MARGHARITA.

Oui, allez, mes enfants. Va, Pietro, avec ta sœur et tes petits camarades. C'est comme cela qu'il faut s'entr'aider, mes amis! Demain vous me trouverez toute prête à vous montrer encore à travailler aux filets. Attendez, les enfants, ne partez pas sans emporter un souvenir de Margharita. (Elle leur donne des oranges à chacun).

LES ENFANTS.

Au revoir! merci! A demain.

(Ils sortent.)

(La toile se baisse.)

FIN DU PREMIER ACTE.

DEUXIÈME ACTE

La scène représente, comme au premier acte, l'intérieur d'une cabane de pêcheur, avec quelques changements. Domingo, debout, le pied appuyé sur une chaise, achèvera de nouer les rubans de sa chaussure autour de ses jambes. Ça et là, des filets préparés. Un petit berceau d'enfant figurera dans un coin

SCÈNE PREMIÈRE

DOMINGO, MARGHARITA

MARGHARITA (elle entre par une porte de côté).

Comment! Domingo, déjà debout? Moi qui venais savoir de vos nouvelles?

DOMINGO.

Oh! vous savez, je ne suis pas douillet, et puis j'ai été si bien soigné. Le docteur Paolo est peut-être venu vingt fois et sans jamais vouloir accepter la moindre piécette. Oh! sainte Madone! Il y a encore de braves gens dans le monde! J'avais là quatre écus de cinq livres dans un vieux bas et je les lui aurais donnés de bon cœur. Il m'a dit : « Non, mon ami, gardez vos petites économies pour vos enfants. J'aurai peut-être quelque jour besoin d'un de vos services et vous me paierez de cette façon ».

MARGHARITA.

Si seulement tous les médecins ressemblaient au docteur Paolo! Mais où sont donc votre femme et vos enfants? On vous a laissé ici, tout seul?

DOMINGO.

Ils vont revenir. (Un doigt sur sa bouche.) Je ne dois rien savoir. Il paraît qu'on me prépare une surprise pour célébrer ma guérison et fêter mon patron tout à la fois.

MARGHARITA.

Oui, oui, je sais. Je suis dans le secret, mais je ne croyais pas que vous pourriez être déjà debout et prêt à sortir. Je pensais que tout se passerait ici. Que cherchez-vous, Domingo?

DOMINGO.

Ma cape. Où est-elle? Et mon chapeau?

MARGHARITA.

Les voilà sur le lit. (Elle lui passe les deux objets.)

DOMINGO (mettant la cape et le chapeau).

Et je ne vous ai pas encore remerciée, Margharita. C'est vous qui avez raccommodé mes filets pendant que j'étais ici, cloué comme un invalide, et vous avez appris à travailler à Pietro et à Carlotta.

MARGHARITA.

Les chers enfants! Mais tout le mérite est à eux! Ils sont venus me demander de leur montrer mon métier pour vous venir en aide, je ne pouvais pas leur refuser ça.

DOMINGO.

Et tous les camarades qui m'ont fait présent du plus beau poisson de leur pêche! Ah! ma foi! on a raison de dire que c'est dans le malheur qu'on connaît les vrais amis. Tout ça, voyez-vous, m'a autant guéri, je crois, que les remèdes du docteur Paolo! (On entend chanter des voix d'enfants.) Tenez, entendez-vous? Ce sont les enfants qui reviennent. (Margharita va ouvrir la porte.)

SCÈNE III

LES MÊMES, PIETRO, CARLOTTA, PETITS GARÇONS ET PETITES FILLES. (Ils portent tous des bouquets avec des rubans et des branches de fleurs.)

MARGHARITA.

Oh! les belles fleurs!

CARLOTTA (embrassant son père).

Père, nous venons te chercher pour te conduire du côté de ta barque. C'est le premier jour où tu vas reprendre ta place au milieu des pêcheurs. C'est une grande joie pour tout le monde.

PIETRO.

Oui, on a retenu maman et Giuletta qui étaient avec nous, et l'on nous a envoyés auprès de toi, pour te faire une escorte d'honneur. Voici les fleurs qui vont servir à compléter notre toilette pour un jour comme celui-ci.

CARLOTTA.

Margharita, voulez-vous nous aider à attacher nos rubans et nos bouquets?

MARGHARITA.

Je veux bien, à condition qu'il y en aura pour moi, allons, je commence par vous, Domingo. (Elle attache un ruban et un bouquet au chapeau.) Là, voilà pour le chapeau! Et toi, Pietro, à ton tour!

(Elle attache de même un bouquet et des fleurs au chapeau de Pietro. Puis elle place un bouquet et des rubans au corsage de Carlotta et au sien. Les enfants se parent mutuellement avec les autres fleurs.)

DOMINGO (pendant qu'on attache les rubans et les fleurs).

Oh! qu'il est doux de se savoir aimé ainsi! (Il pose la main sur la tête de Carlotta.) Quel trésor qu'une petite fille comme ma Carlotta! (Il prend la main de Pietro.) Et qu'on est fier d'avoir un fils comme toi, mon Pietro.

PIETRO (s'avançant).

Le plus grand bonheur des enfants sur la terre c'est d'aimer et d'honorer leurs parents. Leur plus grande crainte doit être de les perdre ou de les voir souffrir. Père, tu avais été malade et tu es revenu à la santé, toute ta famille est aujourd'hui en fête.

MARGHARITA.

Et les amis aussi, va, Pietro!

CARLOTTA (embrassant son père).

Cher père, si tu n'étais pas là, il n'y aurait plus jamais de bonheur pour tes enfants.

UNE PETITE FILLE (timidement).

Que le bon Dieu conserve tous les papas à leurs petits enfants!

PIETRO ET MARGHARITA (entourent Domingó et chantent en chœur :)

Air : *Amis, la matinée est belle,* de *la Muette de Portici.*)

Ange gardien de la famille,
Toi, notre force et notre espoir,
Père chéri, ton fils, ta fille,
Dans leur bonheur chantent ce soir :
Oui, tous les jours, avec courage,
Père, à ton côté,
Nous aurons du cœur à l'ouvrage ;
Dieu, dans sa bonté,
Pour tes enfants, t'a rendu la santé (*bis*).

(Ils saluent.)

(*La toile se baisse.*)

FIN DU DEUXIÈME ET DERNIER ACTE

UNE RÉCOMPENSE

COMÉDIE EN 3 ACTES

PERSONNAGES

Le commandant POMMARD, 10 ans, vieux militaire du premier empire.

JULES, 8 ans, HENRIETTE, 7 ans, petits enfants du commandant.

FRANÇOISE, 8 ans, bonne des précédents.

JACQUES, PIERRE, MARIE, JEANNE, petits marchands et marchandes de la foire, 7 à 9 ans.

CLAUDE, 6 ans, petit ramoneur.

FIGURANTS, FIGURANTES, à volonté.

UNE RÉCOMPENSE

PREMIER ACTE

SCÈNE PREMIÈRE

La scène se passe dans une pièce qui aura l'aspect d'une salle à manger. — Cheminée ou poêle de faïence. — Une grande table au milieu de la pièce.

LE COMMANDANT (assis au coin du feu, habillé d'une grande robe de chambre, coiffé d'un vieux bonnet de police orné de quatre galons : il lira son journal et regardera, de temps en temps, l'heure, à sa montre ou à la pendule).

Dieu! que ce journal est assommant! Des vols, des assassinats, de la politique!... Oh! cette politique! j'en ai plein le dos! (Il regarde la pendule.) Quatre heures dix, déjà! Les enfants sont en retard! (Il se lève et se promène de long en large, une main dans la poitrine, avec la pose de Napoléon Ier.) De mon temps, quand j'ouvrais la gazette, j'étais sûr d'y trouver quelque chose d'intéressant : une bataille, les ennemis en déroute!... mais aujourd'hui!... Ah! mille tonnerres!... Tout est dégénéré. (Il s'arrête.) J'avais cru entendre la porte d'entrée s'ouvrir! Décidément, ces enfants n'arrivent pas. (Il tire une tabatière de sa poche et prend une prise.)

SCÈNE II

LE MÊME, JULES, HENRIETTE

Ces derniers, arrivant d'un cours, avec leurs chapeaux et leurs manteaux.

JULES (le chapeau à la main).

Bon papa! regardez, j'ai la croix.

HENRIETTE (se jetant au cou de son grand-père).

Et moi, bon papa, je suis première à mon cours et j'apporte un billet d'honneur.

LE COMMANDANT.

Bravo! bravo! mes enfants! Il faut qu'on m'embrasse encore une fois, alors! Ah! mais voilà qui est très bien! très bien! et cela mérite une récompense.

Voyons, asseyez-vous là, au coin du feu, près de moi et causons un peu. (Il s'assied au coin de la cheminée ou près du fourneau.) Mais d'abord, ôtez vos manteaux et vos chapeaux.

JULES (se déshabillant).

Bon papa, vous ne savez pas pourquoi j'ai la croix d'honneur?

LE COMMANDANT.

Parce qu'on est content de toi, j'imagine?

JULES.

Oui, bon papa. Mais on était toujours assez content, les autres semaines aussi; seulement, il y avait une de mes leçons que je ne savais jamais, la géographie! C'est ça qui m'avait empêché d'avoir la croix jusqu'à présent.

HENRIETTE.

Oui, et si tu l'as sue, c'est bien parce que bon papa te l'a expliquée sur la carte et te l'a fait comprendre; sans cela, je crois que tu ne serais jamais venu à bout de la savoir. (Elle pose son manteau sur une chaise et vient s'asseoir à côté de son grand-père. Puis, levant son doigt avec malice.) Aussi, c'est à bon papa qu'on aurait dû donner la croix!...

LE COMMANDANT.

Allons, Henriette, ne taquine pas ton frère; il s'est donné de la peine et il a répondu à mes soins, c'est tout ce qu'il faut. D'ailleurs, les parents sont là pour venir en aide aux enfants quand ils sont embarrassés... Et toi, ma petite fille, qu'est-ce qui t'a valu la place de première?

HENRIETTE.

C'est moi qui ai obtenu le plus de points dans mes compositions; ensuite, je n'ai pas parlé pendant le cours et notre maîtresse veut qu'on garde le silence. Mais il y a toujours des élèves qui bavardent et c'est ce qui leur fait perdre leur place quelquefois.

LE COMMANDANT.

Eh oui! eh oui! c'est la discipline! Il en faut à l'étude comme au régiment, dans une famille et partout... Mais, dites-moi, qu'est-ce qui pourrait vous faire plaisir, car enfin, cette place de première et cette croix d'honneur méritent quelque chose. Voyons, quel temps fait-il? Un froid sec! C'est très bon pour marcher et très sain. Si je vous emmenais à la foire de Noël, qui est installée sur la place de la cathédrale, et qui s'est ouverte hier?

JULES ET HENRIETTE (battant les mains).

Oh! oui, bon papa! allons-y! Quel bonheur!

LE COMMANDANT.

Alors, remettez vos manteaux et vos chapeaux, je vais sonner Françoise pour qu'elle m'apporte aussi ce qu'il me faut pour sortir. (Il frappe sur un timbre ou tire une sonnette.)

SCÈNE III

LES MÊMES, FRANÇOISE

LE COMMANDANT (sonnant une seconde fois).

Eh bien! mais elle est sourde cette pauvre fille! (Soupirant.) Ah! ce n'est plus le temps où j'avais mon ordonnance! Quelle promptitude! Quelle obéissance, et surtout pas de bavardage... J'ai l'horreur des bavards!

FRANÇOISE (entrant).

Monsieur a sonné?

LE COMMANDANT.

Certainement! Deux fois, même! Où étiez-vous donc?

FRANÇOISE.

C'est la bonne du second étage qui était venue me dire...

LE COMMANDANT.

Là, j'en étais sûr, vous étiez à bavarder! Ah! mon ordonnance! mon ordonnance!

FRANÇOISE (à part.)

Je ne sais pas pourquoi, à tout instant, Monsieur appelle cette ordonnance en soupirant.

LE COMMANDANT.

Bon! voilà que vous parlez toute seule maintenant! Enfin! Allez me chercher mon chapeau, ma canne et ma houppelande.

FRANÇOISE.

Monsieur va sortir avec M. Jules et Mlle Henriette?

HENRIETTE (riant).

Tu le vois, puisque nous mettons nos manteaux.

LE COMMANDANT.

En deux temps, trois mouvements, Françoise; nous sommes pressés!

FRANÇOISE.

J'y cours, Monsieur! (Elle sort.)

JULES.

Bon papa, est-ce que je peux emporter mon cerceau?

LE COMMANDANT.

Mais non, mon ami, ce n'est pas la saison. Il faut marcher sans s'arrêter, et puis nous allons nous trouver au milieu d'une foule. Tu sais qu'il y a toujours beaucoup de monde à la foire?

FRANÇOISE (revenant avec des vêtements sur le bras. Elle aide son maître à passer sa grande houppelande grise.)

Que Monsieur fasse bien attention de ne pas attraper de rhumatismes! Il fait un froid ce soir...

LE COMMANDANT.

Moi, des rhumatismes! Ah! ma pauvre fille! quand on a assisté à la retraite de Russie on est cuirassé pour la vie. (Se tournant vers les enfants.) Vous êtes prêts? Alors, donne-moi la main, Henriette. Toi, Jules, marche à côté de moi et partons. Françoise, que le dîner soit prêt exactement à six heures et demie!

FRANÇOISE.

Oh! Monsieur sait bien!...

LE COMMANDANT.

Oui, oui, je sais que je pouvais compter sur mon ordonnance... Enfin! (Il sort avec les enfants.) Venez, enfants!

FRANÇOISE (levant les bras au ciel).

Encore! toujours cette ordonnance! Décidément, c'est sa marotte!

(*La toile se baisse.*)

FIN DU PREMIER ACTE

DEUXIÈME ACTE

La scène représentera un étalage de jouets d'enfants : poupées, tambours, quilles, cerceaux, pantins, etc. On pourra les placer sur les deux tables, en suspendre quelques-uns. Les petits marchands se tiendront derrière leur marchandises à l'arrivée des acheteurs; ils seront costumés, à volonté, dans la tenue des gens de boutique.

SCÈNE PREMIÈRE

JACQUES, PIERRE, MARIE ET JEANNE

JACQUES (allant et venant d'un pas gymnastique, en se frottant les mains).

Brrr! quel froid! C'est un vrai temps de Sibérie. Si la vente marchait, encore! Mais depuis deux heures on n'a pas seulement aperçu le bout du nez d'un acheteur.

MARIE.

Moi j'ai vendu un pantin et deux poupées dans la journée; ce n'est vraiment pas la peine de s'exposer à prendre ici une fluxion de poitrine. (Elle tousse avec affectation.) J'ai envie de fermer boutique. (Elle se retourne vers Jeanne.) Qu'en dites-vous, voisine?

JEANNE.

Moi, je dis que vous n'avez pas assez de patience. Dam! c'est notre métier d'attendre, et si l'on se décourage, on peut quelquefois manquer une bonne occasion. Il est maintenant quatre heures. C'est le moment de la sortie des écoles et des pensions. Vous pouvez être sûre de voir dans un instant les parents et les enfants se diriger de ce côté. (*Elle se penche du côté de la rue pour regarder.*) Tenez, qu'est-ce que je disais, voici toute une famille qui s'avance.....

JACQUES (*retournant précipitamment derrière sa boutique*).

Achetez, achetez, messieurs et mesdames!... Marchandise à tout prix!... (*Il arrange les objets de sa boutique. Marie et Jeanne mettent en avant les plus jolies poupées, les plus beaux ménages.*)

PIERRE.

Dites donc, les amis! ça a tout l'air d'un ancien militaire ce vieux monsieur décoré qui arrive là-bas avec des enfants? Vite, étalons les boîtes de soldats, les tambours, les canons.

MARIE.

Oui, vous avez raison!... Et même, je le reconnais, c'est le commandant Pommard.

PIERRE.

Le commandant Pommard!... (*A part.*) Voilà qui est fort!

JEANNE.

Tiens, mais on dirait que ce nom vous donne de l'émotion.

PIERRE.

Chut! Les voici!... Je vous expliquerai la chose tout à l'heure.

SCÈNE II

LES MÊMES, LE COMMANDANT, JULES ET HENRIETTE

HENRIETTE (en arrivant sur la scène).

Bon papa, je voudrais bien savoir si les marchands que voilà ont des armoires de poupée?

LE COMMANDANT (riant).

Ce qui veut dire, ma petite fille, que c'est une armoire de poupée qu'il faut que je t'achète. Approchons, nous verrons bien.

JULES (tirant son grand-père par la manche).

Regardez donc là-bas ces jolis canons, bon papa! Est-ce que vous aimiez les canons quand vous étiez petit?

LE COMMANDANT (relevant sa moustache).

Si j'aimais les canons! C'étaient mes joujoux préférés! Mais je devine où tu veux en venir. (Ils s'approchent des boutiques.) Madame la marchande, est-ce que vous auriez, par hasard, des armoires de poupée?

MARIE.

Certainement, monsieur. Et de bien jolies encore! Regardez, ma petite demoiselle! (Elle étale deux ou trois petites armoires.) Celle-ci vaut 5 francs, celle-ci, 6 fr. 50 et celle-là, 8 francs; cela dépend de la grandeur.

LE COMMANDANT.

Eh bien! voyons, Henriette, fais ton choix. Laquelle préfères-tu?

HENRIETTE.

Bon papa, je réfléchis; je crois que j'aimerais mieux une table qu'une armoire. J'en aperçois de si jolies là-bas!...

MARIE.

Comme mademoiselle voudra. Je vais lui montrer les tables.

JULES (tirant son grand-père par la manche).

Bon papa, j'ai peur que quelqu'un ne vienne acheter le canon qui me plaît.

LE COMMANDANT.

Sois tranquille, nous aurons tout le temps de le choisir; mais, au fait, pendant que ta sœur réfléchit, si tu es décidé, nous pouvons acheter ton canon. Henriette, nous sommes là, à deux pas...

HENRIETTE.

Oui, bon papa!

PIERRE.

Achetez! achetez, messieurs, les canons, les jolis soldats!...

LE COMMANDANT (tendant la main).

Voyons, mon ami, montrez-nous les canons! (A part.) Tiens! c'est singulier! (Il examine le marchand.) Il me semble que j'ai déjà vu cette figure-là quelque part. C'est peut-être une ressemblance?

PIERRE.

Voici, mon commandant, des canons de tout calibre.

LE COMMANDANT.

Ah! ça, mais, vous me connaissez donc? Je me figure que je vous ai déjà vu aussi!... Comment vous appelez-vous?

PIERRE.

Matouchard, mon commandant. Pierre Matouchard, natif de l'Auvergne.

LE COMMANDANT.

Matouchard! c'était le nom de mon ordonnance!

PIERRE.

Ah! oui, Jean Matouchard; c'est mon frère!

LE COMMANDANT.

Mille bombes! En voilà une rencontre! Alors vous êtes son frère?

PIERRE.

Eh! oui, je suis le frère de mon frère.

LE COMMANDANT.

C'est clair! Je n'en reviens pas, et...

JULES (tirant son grand-père par la manche et lui montrant un canon).

Bon papa, c'est celui-là que je voudrais.

LE COMMANDANT.

Bien, mon ami. Alors je l'achète. C'est combien?

PIERRE.

C'est six francs, mon commandant.

LE COMMANDANT (tirant son porte-monnaie).

Voilà, mon ami. Jules, vois donc si ta sœur a fait son choix? (Il se retourne du côté d'Henriette qu'il aperçoit en colloque avec un petit ramoneur.) Qu'est-ce qu'elle fait donc? La voilà qui cause avec un ramoneur.

SCÈNE III

LES MÊMES, CLAUDE (petit ramoneur).

PIERRE (levant la tête).

Ah! mais, c'est Claude!

LE COMMANDANT.

Qu'est-ce que c'est que ce Claude?

PIERRE.

C'est mon neveu, mon commandant. Un pauvre enfant orphelin qui gagne sa vie comme il peut.

LE COMMANDANT.

Encore un Matouchard, alors? Mille millions de tonnerres! c'est à n'y pas croire. Appelez-le donc que je le voie de plus près.

PIERRE (appelant).

Claude, approche, mon garçon.

CLAUDE (s'avançant timidement son bonnet à la main).

Me voilà, mon oncle.

LE COMMANDANT.

Dis-moi, petit, connais-tu Jean Matouchard?

CLAUDE.

Oh! oui, mon bon monsieur, c'est mon oncle.

LE COMMANDANT.

Où est-il?

CLAUDE.

Il est en Auvergne.

LE COMMANDANT.

(A part.) Il n'y a plus de doute! (Haut.) C'est bien. Alors, mon garçon, j'ai à te parler, viens jusque chez moi; tu porteras nos emplettes et tu auras une petite pièce au bout. Ça te va-t-il?

CLAUDE.

Oh! oui, mon bon monsieur.

LE COMMANDANT (attendri).

Vraiment, sous cette figure noire, je retrouve le visage de mon brave Jean, le même regard franc, le même air décidé. (A part.) Oh! j'ai une idée!... (Haut.) Eh bien! Henriette, tu t'intéressais donc à ce pauvre garçon?

HENRIETTE.

Oui, bon papa. Je lui demandais ce qu'il avait gagné dans sa journée, et quand il m'a dit qu'il n'avait encore que dix sous, j'ai pensé à vous adresser une prière.

LE COMMANDANT.

Laquelle mon enfant?

HENRIETTE (à mi-voix).

C'est de lui donner l'argent de la petite table que je voulais d'abord. Je m'en passerai très volontiers. Elle coûtait cinq francs; donnez-lui les cinq francs, cela lui fera une bonne journée, et moi j'aurai là, je vous assure, une vraie récompense.

LE COMMANDANT (lui caressant la joue).

Très bien, ma petite fille. Il sera fait comme tu le désires. (A Claude.) Toi, petit, prends ce paquet (il montre le canon) et suis-nous. (Il fait signe à Pierre.) Pourrez-vous nous rejoindre? J'aurais quelque chose à vous dire. (Il parle tout bas aux deux petites marchandes.) N'oubliez pas ma commission.

PIERRE.

Cela suffit, mon commandant. Du reste, il ne viendra plus personne; je vais fermer boutique.

LE COMMANDANT.

En route, enfants! au pas accéléré! Je commence à sentir des glaçons dans ma moustache. (Il se met en marche avec les deux enfants pendus à chaque bras. Claude les suit.)

MARIE.

Quel brave homme, ce commandant Pommard!

JEANNE.

Devinez-vous ce qu'il veut faire?

JACQUES.

Dites donc, voisin! C'est une bonne connaissance que vous avez là?

PIERRE.

Je ne le connaissais pas; mais mon frère, qui a été son ordonnance, l'adorait. Il était bon pour le soldat, pour les petits, pour tous enfin... (A Marie.) Il vous a donné une commission, je crois?

MARIE.

Oh! oui, aussi je vous accompagne.

JEANNE ET JACQUES (se regardant).

Si nous fermions boutique aussi?

JEANNE.

J'ai envie de voir la suite de cette rencontre.

JACQUES.

Ma foi! les hommes ne sont pas curieux; mais nous pourrions bien, vous et moi, aller faire également un tour là-bas?

(*La toile se baisse.*)

FIN DU DEUXIÈME ACTE

TROISIÈME ACTE

(La scène se passe chez le commandant Pommard, dans la salle à manger du premier acte. Le couvert sera mis sur la table.)

SCÈNE PREMIÈRE

FRANÇOISE (une pile d'assiettes sous le bras, achevant de mettre le couvert. Elle regarde la pendule).

Me voilà en avance, je crois. Il est six heures à peine. J'espère que je n'aurai pas de reproches ce soir quand Monsieur rentrera! (Elle examine la table.) Voyons! je n'ai rien oublié, il me semble? (Elle se frappe le front.) Juste! le moulin à poivre! Et le commandant qui le réclame chaque fois! (Elle va le prendre dans le buffet et le place devant l'assiette de son maître.) Là, devant son assiette. Au moins il le verra. Bon! Mais, j'y pense tout à coup, mon rôti qui brûle peut-être? Il faut que je coure encore à la cuisine... (Elle sort précipitamment par une porte.)

SCÈNE II

PIERRE, CLAUDE. (Ils entr'ouvrent timidement la porte du côté opposé à celle par laquelle est sortie la bonne.)

PIERRE.

Ah! çà, il n'y a donc personne pour introduire les gens ici! Quelle drôle de maison! Le commandant Pommard doit avoir des domestiques, pourtant!

CLAUDE (portant son paquet et écarquillant les yeux).

Que c'est beau, ici, mon oncle!

SCÈNE III

LES MÊMES, FRANÇOISE

FRANÇOISE (accourant par la porte de la cuisine; elle fait un geste d'étonnement).

Comment? Quelqu'un ici! Des voleurs, peut-être? (A Pierre.) Monsieur, qu'est-ce que vous voulez? Mais comment êtes-vous entré jusqu'ici?

PIERRE.

Dam! Il a bien fallu!... La porte de la rue était au large ouverte!...

FRANÇOISE (à part).

Oh! je suis sûre que c'est la bonne d'en haut qui ne l'aura pas fermée après que je suis restée un instant, devant la porte, à faire avec elle un bout de causette!... (Haut.) Alors la porte était ouverte?...

PIERRE.

Grande ouverte! j'ai sonné, carillonné, personne n'est venu! Nous sommes montés jusqu'ici; mon neveu Claude a frappé à cette porte... Rien!... Porsonne! Alors nous avons ouvert à tout hasard, avec l'idée qu'il y avait peut-être encore un corridor au bout. Nous sommes chargés d'une commission pour M. le commandant Pommard et envoyés ici par lui-même. Je pensais qu'il serait arrivé avant nous.

FRANÇOISE.

Vous avez donc vu Monsieur?... Et... Il vous a parlé?... Il vous connaît?

PIERRE.

Non, mais je suis le frère de son ordonnance, Jean Matouchard...

FRANÇOISE (ouvrant de grands yeux).

De son ordonnance!... Est-ce possible? Oh! pour lors, vous êtes sûr d'être bien dans ses papiers. Mais, j'entends sonner à la porte. C'est sans doute Monsieur qui rentre avec les enfants. (Elle sort.)

CLAUDE.

Mon oncle, est-ce que nous allons rester ici?

PIERRE.

Tu as raison, nous aurions dû attendre dans l'antichambre; cette fille aurait pu nous y conduire, mais elle me paraît avoir plus de langue que de tête!... Viens, suis-moi, nous trouverons bien le chemin tout seuls, peut-être. (Ils sortent du côté de la cuisine.)

SCÈNE IV

LES MÊMES, LE COMMANDANT, HENRIETTE ET JULES

LE COMMANDANT. (Il entre en essuyant ses moustaches).

Hum! hum! Ce coquin de froid, comme il m'a raidi la moustache! Ah! il fait bon ici, mes enfants. Le couvert est mis, tout est prêt; nous allons dîner.

HENRIETTE.

Oui, bon papa! Je vais dire à Françoise de servir, et en même temps, Jules et moi, nous allons ôter nos chapeaux et nos manteaux. Voulez-vous nous donner votre houppelande et votre canne, nous les emporterons dans votre chambre, bon papa?

LE COMMANDANT (se déshabillant).

Je veux bien. Tiens, Jules, voici ma canne et mon chapeau. Ne les laisse pas tomber. Henriette, en passant à la cuisine, informe-toi donc si personne n'est venu. Je serais bien étonné que nos braves gens de la foire ne fussent pas déjà arrivés! (Jules et Henriette sortent.)

SCÈNE V

LE COMMANDANT, FRANÇOISE

FRANÇOISE (accourant très essoufflée).

Monsieur! Monsieur!...

LE COMMANDANT.

Eh bien! qu'est-ce que c'est, Françoise? Le feu est-il à la maison?.,.

FRANÇOISE.

Non, Monsieur, mais j'ai mon rôti qui brûle, cela est sûr! On ne fait que sonner à la porte, et il vient ici un tas de gens qui demandent à parler à Monsieur... Ce n'est guère commode, à l'heure du dîner... J'en avais déjà deux qui attendaient dans la cuisine; en voilà trois autres qui arrivent.

LE COMMANDANT.

C'est bon! c'est bon! vos réflexions sont inutiles. Faites entrer tout ce monde ici et retournez à vos fourneaux. (Elle sort en grommelant.) Il est temps vraiment que je remplace cette sempiternelle bavarde. (Il se frotte les mains.) Ah! ah! j'ai mon petit projet, car c'est une bonne race, ma foi, que les Matouchard.

SCÈNE VI

LES MÊMES, PIERRE, CLAUDE, puis JACQUES, MARIE et JEANNE (entrant à la file d'un air timide).

PIERRE (saluant militairement).

Mon commandant !

LE COMMANDANT.

Vous voilà, mon brave? (A Claude.) Et toi aussi, petit? Bien. (Aux autres.) Et vous autres?

MARIE.

Monsieur le Commandant, j'apporte la petite table de poupée pour Mademoiselle, comme vous l'avez demandé et... (montrant les autres) mes camarades m'ont accompagnée.

LE COMMANDANT (prenant le paquet qu'il déballe et place sur un meuble).

C'est cela, ma petite fille va être bien contente, mais elle ne s'y attend pas. Mettons cela à côté du canon. Où est-il? (A Claude.) C'est toi qui le portais, petit?

CLAUDE (montrant le paquet).

Le voilà, Monsieur.

MARIE.

Si Monsieur le permet, je vais le placer à côté de la petite armoire? (Elle déballe le canon et le place.)

SCÈNE VII

LES MÊMES, JULES, HENRIETTE

JULES (à sa sœur en entrant).

Ça fait que tu n'as pas de jouet, pas de récompense, puisque tu as voulu que bon papa donne l'argent à ce petit ramoneur?...

HENRIETTE (levant les yeux et apercevant l'armoire).

Tiens! l'armoire de poupée! (Elle s'en approche.) Comment se fait-il qu'elle soit là?

LE COMMANDANT.

C'est moi, ma petite-fille, qui l'ai fait venir pour te l'offrir, ne voulant pas que tu sois privée de la récompense de ton choix. Mais cela n'empêche pas que les intentions de ton bon cœur seront suivies scrupuleusement. Un vieux soldat comme moi n'a qu'une parole. Claude aura les cinq francs que tu lui as destinés. Cela servira à l'équiper pour son nouvel état. Du moins, ce sera un commencement; car j'ai un projet, et c'est pour cela que je l'ai fait venir avec son oncle. (A Pierre.) Voulez-vous me confier votre neveu?

PIERRE.

Mon commandant, c'est bien de l'honneur... Claude est un brave enfant, mais il ne connaît d'autre métier que celui de ramoner les cheminées.

LE COMMANDANT.

Eh bien! on le débarbouillera et il apprendra à cirer mes bottes! On le dressera au service; il remplacera mon ordonnance, votre frère, Matouchard premier; ce sera Matouchard second. Cela te va-t-il, mon garçon?

CLAUDE.

Oh! que oui, mon bon Monsieur!

SCÈNE VIII

LES MÊMES, FRANÇOISE

FRANÇOISE (apportant la soupière qu'elle pose sur la table).

Monsieur se fâchera peut-être, mais mon dîner ne peut plus attendre.

LE COMMANDANT.

Non, je ne dis rien ce soir; seulement à l'avenir, Françoise, vous partagerez le service avec ce jeune garçon. Il ouvrira la porte, et il servira à table. Les

Matouchard ne sont pas bavards, c'est un grand mérite.

FRANÇOISE.

Monsieur me renvoie, alors?

LE COMMANDANT.

Non, mais seulement vous resterez à votre cuisine et vous soignerez le rôti. Allez tous avec Françoise, mes amis; vous dînerez ici ce soir, et vous boirez à la santé du commandant qui espère retrouver son ordonnance dans ce petit neveu de Matouchard. (Il leur fait signe.) Allez.

FRANÇOISE (fermant la porte après les autres qui passent devant elle).

Je l'avais toujours dit, cette ordonnance c'était sa marotte!

TOUS (allant vers la porte.)

Vive le commandant Pommard.

HENRIETTE (à Jules).

Et voilà que bon papa, en voulant récompenser ses petits enfants, a trouvé sa récompense.

LE COMMANDANT (à Jules et à Henriette).

A table! enfants, je meurs de faim! (Ils s'assoient autour de la table.)

(*La toile se baisse.*)

FIN DU TROISIÈME ET DERNIER ACTE

LA LÉGENDE DE L'ARBRE DE NOËL

COMÉDIE EN 3 ACTES

PERSONNAGES

BERNARD, vieux sabotier, 12 ans.
KARL, son petit-fils, 8 ans.
LOTTCHEN, sa petite-fille, 7 ans.
MATHURINE, voisine, 10 ans.

LA LÉGENDE DE L'ARBRE DE NOËL

PREMIER ACTE

La scène se passe dans l'intérieur d'une petite cabane très pauvre. Le père Bernard avec de longs cheveux gris, un bonnet fourré, des culottes de grosse laine, chaussé de sabots, un grand tablier de cuir devant lui, sera assis au coin de l'âtre. Mathurine portera une jupe rayée bleue et rouge, avec un casaquin, un tablier noir, une sorte de béguin avec de la dentelle noire et des chaînes au corsage, elle filera sa quenouille auprès de la fenêtre. Une horloge coucou sera supendue au mur Costumes suisses, moyen-âge.

SCÈNE PREMIÈRE

BERNARD, MATHURINE

BERNARD (regardant le coucou qui sonnera cinq fois).

Cinq heures! Mathurine! La nuit arrive et les enfants ne sont pas rentrés, je commence à être inquiet, savez-vous?...

MATHURINE.

Ne vous tourmentez pas, père Bernard, on les aura retenus au château; Mme la Comtesse, qui n'a pas d'enfants, raffole de votre petite Lottchen.

BERNARD.

Oui, c'est cela sans doute, vous avez raison, ou bien ils ont pu s'attarder au presbytère. M. le Recteur voudrait absolument faire un savant de Karl; il me l'a encore dit l'autre jour : « Envoyez-moi votre petit-fils, me répète-t-il au moins chaque semaine, je lui apprendrai le latin; il est si intelligent. » Ma foi, Mathurine, entre nous, j'aime mieux que Karl apprenne tout simplement à faire des sabots, qu'en pensez-vous?

MATHURINE.

Eh bien! n'allez pas vous fâcher, au moins, père Bernard; mais les femmes, voyez-vous, ont toujours un brin d'ambition. Moi, j'approuve M. le Recteur, le petit est étonnant pour son âge! Ne seriez-vous pas bien fier de le voir quelque jour savant, comme tant d'autres, qui ne le valent pas, allez!...

BERNARD.

Oui, mais vous ne réfléchissez pas qu'alors, il faudra qu'il nous quitte, qu'il aille à la ville pendant des années et des années; d'abord, pour faire des études, passer des examens, un tas de cérémonies qui n'en finissent plus. Et puis, ce n'est pas ça encore, mais que deviendrait sa sœur, notre pauvre petite Lottchen? N'est-ce pas lui qui aura à la protéger, un jour, à veiller sur elle? Je suis vieux, moi, je ne serai pas toujours là! Non, non, j'y ai bien réfléchi, Karl et Lottchen ne doivent jamais se quitter; je m'en expliquerai une bonne fois avec M. le Recteur et je suis sûr qu'il me comprendra.

MATHURINE.

Enfin, père Bernard, c'est votre affaire. Ce que j'en ai dit n'est pas pour vous échauffer. Tenez, voici les enfants qui rentrent, ils viennent de passer sous la fenêtre. (Elle se lève.) Et moi, je range mon rouet, car il faut que je retourne voir un peu à mon ménage.

SCÈNE II

Les enfants, couverts de petits manteaux de laine sombre, apparaîtront sur le seuil de la porte, abrités sous le même parapluie qui sera tout blanc de neige. Ils cacheront quelque chose sous leur manteau.

LES MÊMES, KARL et LOTTCHEN

KARL (fermant le parapluie).

Entre vite, petite sœur, il fait un vent!... Bonsoir, grand-père; bonsoir, mère Mathurine!

LOTTCHEN (courant embrasser son grand-père).

Bonsoir, grand-père!

BERNARD (posant son sabot sur la table en embrassant l'un après l'autre les enfants).

Bonsoir, mes enfants! (Les deux enfants vont ensuite embrasser Mathurine.) Vous voilà enfin! Je trouvais que vous étiez bien longs à revenir. Qu'est-ce qui vous a retardés comme ça, donc?

MATHURINE (les aidant à ôter leurs manteaux).

Otez vite vos manteaux, la neige les a complètement mouillés! Avez-vous besoin de moi, père Bernard?

BERNARD.

Non, ma bonne voisine, merci! A moins que vous ne vouliez souper avec nous, ce qui nous ferait plaisir?

MATHURINE.

Pas ce soir, une autre fois. J'attends mon frère qui doit passer la veillée avec moi. Lottchen, j'ai tout mis en train pour le souper. Tu n'auras qu'à écumer la marmite. Bonsoir, Bernard! Bonsoir les enfants! A demain. J'irai à la ville de bonne heure et je ferai vos provisions en même temps que les miennes.

BERNARD.

Grand merci, Mathurine!

KARL ET LOTTCHEN (ensemble).

A demain, mère Mathurine! (Ils l'accompagent jusqu'à la porte et l'embrassent. Elle sort.)

KARL (gaiement).

Maintenant, grand-père, nous allons mettre le couvert.

LOTTCHEN (allant à la marmite).

La soupe est cuite, les pommes de terre aussi. Je vais les passer à la casserole avec le morceau de lard, et nous pourrons dîner.

BERNARD.

Attends, attends, Lottchen, prends garde de te brûler, laisse-moi retirer la casserole. (Il va vers la cheminée.) Là, voilà qui est bien. Je veux me chauffer les pieds un instant, pendant que vous finissez de mettre la table. Je me sens en appétit, et vous?

KARL (allant et venant, mettant la nappe, les assiettes, etc.).

Oh! moi aussi, grand-père, j'ai très faim. (Il parle bas à sa sœur.)

LOTTCHEN (à mi-voix).

Ah! oui, j'allais oublier. (Elle va fouiller dans la poche de son manteau et dans celle de celui de son frère, et en rapporte des poires et de petits gâteaux qu'elle arrange sur des assiettes.) Maintenant, grand-père, tout est prêt, venez que je vous conduise à table. (Elle lui enlève sa pipe et le prend par la main.) Laissez là votre pipe, vous la reprendrez après dîner. (Ils s'asseyent tous trois.)

BERNARD (servant la soupe avec une grosse cuiller de bois).

Qu'elle sent bon notre soupe, mes enfants! On voit que Mathurine y a mis la main. (Apercevant les poires et les gâteaux.) Tiens, qu'est-ce que c'est que ça?

KARL.

Ah! grand-père, vous admirez ces belles poires, n'est-ce pas? C'est M. le Recteur qui nous les a données pour vous; il nous a aperçus, au moment où nous rapportions les sabots que vous aviez raccommodés pour sa servante...

LOTTCHEN (interrompant).

Et là, vous voyez, ce sont des *gimblettes* que Mme la comtesse a faites elle-même et qu'elle a mises dans ma poche après avoir examiné les jolies galoches que nous lui apportions de votre part.

BERNARD.

Et vous n'avez rien mangé de tout cela, mes enfants?

LOTTCHEN.

Oh! non, grand-père, nous voulions vous en faire la surprise; ce soir, au moins, notre dîner sera plus complet.

BERNARD (attendri).

Chers enfants!... Eh bien, goûtons les poires et

les gimblettes, et tout en y faisant honneur, nous parlerons de la grande fête qui approche, car c'est Noël dans trois jours, y avez-vous pensé? (Karl et Lottchen se lèveront de temps en temps pour débarrasser la table et servir leur grand-père.)

KARL.

M. le Recteur nous a dit un mot de cela, oui, grand-père.

BERNARD.

Ces poires sont excellentes... Lorsque j'étais petit, à votre âge, mes enfants, mon père m'expliquait que le mot Noël veut dire réjouissance et que depuis la venue de l'Enfant-Dieu sur la terre, ce souvenir a été célébré dans tous les pays. Aussi, pour cette veillée solennelle, presque partout une bûche de bois, la *bûche de Noël,* a joué un rôle important.

KARL.

Ah! oui, je me rappelle que l'année dernière, vous êtes allé dans la forêt tout exprès pour la choisir, la bûche, et que vous pouviez à peine la porter quand vous êtes revenu, tant elle était grosse et lourde... Lottchen ne s'en souvient pas, elle était trop petite.

LOTTCHEN.

Grand-père! racontez, racontez encore des histoires de Noël? J'aime tant à vous écouter!

BERNARD (tirant quelques bouffées de sa pipe).

Dans les temps anciens, en plaçant la bûche, sous l'âtre de la cheminée, on l'arrosait de vin avant de l'allumer, puis quand elle flambait joyeusement devant toute la famille rassemblée, le petit enfant à genoux récitait cette prière que mon père —, j'avais alors votre âge, — m'a répétée bien des fois : « Que « cette bûche réchauffe la famille pendant l'hiver, « les pieds frileux des petits orphelins, des vieillards, « des infirmes; qu'elle répande sa clarté dans toutes « les mansardes! qu'elle ne vienne jamais dévorer « la cabane du pauvre laboureur, ni le navire qui « berce le marin au sein des mers lointaines. »

LOTTCHEN.

Elle est jolie cette prière, n'est-ce pas, grand'père? Il faudra nous l'apprendre.

BERNARD.

Oui, ma petite Lottchen, et je veux vous faire chanter aussi un de ces vieux noëls d'autrefois que mes parents chantaient en me tenant sur leurs genoux. Mais, ce sera pour demain, car il est tard et tu t'endors, Lottchen. Il faut vous coucher, mes enfants. Venez m'embrasser?

LES DEUX ENFANTS.

Bonsoir, grand-père! (Il les embrasse.)

BERNARD.

Allez dormir, et, si vous le pouvez, faites quelque beau rêve de Noël.

(*La toile se baisse.*)

FIN DU PREMIER ACTE

DEUXIÈME ACTE

La scène représentera une chambre avec deux petits lits Lottchen arrange les couvertures du sien, et s'arrête tout à coup en s'appuyant contre le lit d'un air pensif. Karl met en ordre les outils de son grand-père.

SCÈNE PREMIÈRE

LOTTCHEN, KARL

KARL (se retournant, examine sa sœur).

Eh bien! Lottchen, à quoi penses-tu? On dirait que tu dors encore?

LOTTCHEN.

Oh! Karl, si tu savais le joli rêve que j'ai fait cette nuit? Oui, figure-toi, la bûche avait des branches...

KARL (alignant les paires de sabots).

Qu'est-ce que tu dis donc? La bûche avait des branches! Allons, explique-toi?

LOTTCHEN.

Oui, la bûche était grande comme un petit arbre et... (Elle s'arrête interdite en voyant entrer son grand-père.)

SCÈNE II

LES MÊMES, LE PÈRE BERNARD

LE PÈRE BERNARD (il entrebâille la porte, sans que les enfants s'en aperçoivent, et entre tout à fait aux derniers mots de Lottchen. Il porte sur son dos une grosse bûche).

Tu te tais, Lottchen, est-ce que tu as des secrets pour ton grand-père? Là! Voilà, la bûche, mes enfants, et une fameuse encore! Nous allons faire, cette nuit, une veillée en règle... Que racontais-tu donc, Lottchen?

LOTTCHEN (avec embarras).

C'est que, grand-père, je racontais mon rêve à Karl, un rêve bien joli; mais j'ai peur que vous ne vous moquiez de moi!

BERNARD (après avoir dressé la bûche dans un coin, attire sa petite-fille vers lui).

Moi, me moquer de ma petite Lottchen! Allons, viens près de moi; je veux connaître ce rêve qui t'a frappée si fort! (Karl se rapproche et s'appuie au dossier de la chaise de son grand-père.)

LOTTCHEN (tortillant son petit tablier avec embarras).

J'ai vu une bûche comme celle-là (elle montre la bûche), que vous aviez été chercher dans la forêt, et tout à coup cette bûche avait des branches... (Elle s'arrête.)

BERNARD.

Continue, allons? Elle avait des branches, et puis?...

LOTTCHEN.

Et puis, on les voyait pousser et la bûche devenait grande comme un arbre, un petit sapin. (Elle parle plus vite, avec animation.) Sur chaque branche, il y avait des objets suspendus : j'ai vu un joli petit bonnet qui était pour moi! J'ai vu une paire de sabots pour Karl.

KARL.

Tiens? mais ce serait charmant, si c'était vrai!

LOTTCHEN.

Attends, ce n'est pas tout : il y avait aussi un petit Jésus de cire et une belle image enluminée, puis encore des dragées comme celles que M. le Bourgmestre nous a données quand nous sommes allés lui porter des fraises, tu t'en souviens, Karl? (Elle passe ses bras autour du cou de son grand-père, d'un air câlin.) Oh! si c'était vrai, mon rêve, grand-père, si c'était vrai?

KARL (secouant la tête).

Elle a de la chance, ma petite sœur, de faire des rêves comme ça! Qu'en dites-vous, grand-père?

BERNARD (réfléchit quelques instants, et rajuste son bonnet de laine).

(A part.) Le rêve peut-être vrai! (Haut.) Laissez-moi, les enfants; j'y pense tout à coup, j'ai besoin d'aller à la ville aujourd'hui.

LOTTCHEN.

Tiens, pourquoi donc, grand-père? Vous aviez dit que vous n'iriez plus qu'après la fête de Noël?

BERNARD.

C'est vrai, mais, tout à coup, je me rappelle que j'ai quelqu'un à voir pour une commande, l'occasion est peut-être bonne, et j'essaierai de vendre quelques paires de sabots. Karl, prépare-les, mon ami, en les attachant, tu sais, comme je le fais habituellement.

KARL.

Oui, grand-père; mais il fait bien froid aujourd'hui; il y a au moins un pied de neige dehors et si vous aviez pu rester ici...

BERNARD.

Non, non, mon ami, il faut absolument que je m'absente; mais soyez sans inquiétude, je marche d'un bon pas, cela me réchauffera! Ah! j'en ai vu bien d'autres! Un vieux montagnard comme moi!... Donne-moi ma grosse houppelande doublée de peau de mouton, Lottchen. (Il endosse le manteau. On frappe à la porte.) Entrez!

SCÈNE III

LES MÊMES, MATHURINE

MATHURINE.

Bonjour, Bernard! Bonjour, les enfants! Ah! ça, vous partez quand j'arrive? (Elle porte un panier de provisions.) J'apporte les provisions; en voilà pour toute la semaine. (Elle pose son panier.) Quelle affaire vous appelle donc à la ville, aujourd'hui?

BERNARD.

Eh! Mathurine! les affaires pour moi, c'est toujours la même chose : les sabots! J'en emporte pour essayer d'en vendre! Beaucoup de gens vont descendre ce matin de la montagne pour faire leurs emplettes... enfin, je vous raconterai ça au retour! (Il prend les sabots attachés, paire par paire, à cheval sur un bâton.) (Il embrasse Karl et Lottchen.) Soyez bien sages, mes enfants, je reviendrai ce soir. (Il sort.)

MATHURINE (prenant le panier).

Nous allons ranger tout ça dans le bahut, après quoi vous m'aiderez à frotter les meubles; que tout soit propre et luisant ce soir pour le retour du grand-père. Si nous étions à la ville, vous entendriez les carillons de la fête qui commencent à se mettre en branle, car on sonne dès la veille au matin.

KARL (allant ouvrir la porte).

J'entends quelque chose, il me semble?

MATHURINE (écoutant).

C'est la cloche du vieil ermite!...

LOTTCHEN (rejoignant son frère).

Le père Jérôme fait, tous les ans, une jolie crèche dans son petit ermitage. Nous irons la voir, Mathurine?

MATHURINE.

Certainement, mon enfant.

KARL.

Oh! quel temps, mon Dieu! Le vent est glacial et la neige a l'air de vouloir tomber toute la journée.

LOTTCHEN (joignant les mains et revenant sur la scène).

Pauvre grand-père! Pourquoi donc a-t-il fallu qu'il sorte aujourd'hui? (Elle lève un doigt.) Il avait un air mystérieux!... Moi, je crois qu'il y a quelque chose là-dessous.

(*La toile se baisse.*)

FIN DU DEUXIÈME ACTE

TROISIÈME ACTE

(Un rideau qui partagera la pièce en deux permettra de dissimuler le fond du tableau où sera préparé l'arbre de Noël).

SCÈNE PREMIÈRE

BERNARD, MATHURINE

BERNARD (soulevant un coin du rideau).

Venez donc, Mathurine. Nous avons fini, n'est-ce pas? Les enfants peuvent entrer ici d'une minute à l'autre.

MATHURINE (arrivant).

Quelle bonne idée vous avez eue, Bernard, et qu'ils vont donc être heureux, ces chers petits! Pour moi, vous savez, c'est du nouveau, je n'aurais jamais rien imaginé d'aussi joli! Mais comment la chose vous est-elle venue à l'esprit?

BERNARD.

Chut! je crois que je les entends! C'est un rêve de ma petite Lottchen qui m'a fait penser à leur préparer cette surprise. Je veux qu'ils se souviennent de moi, Mathurine, les pauvres enfants; ils n'auront pas toujours leur grand-père. (Tout en parlant, il se chauffe les doigts auprès du poêle ou du foyer. Mathurine, pendant ce temps, arrangera sa quenouille.) Mais où sont-ils donc?

MATHURINE.

Juste au moment où vous arriviez par la petite porte de derrière, je venais de les envoyer faire un brin de toilette pour aller à la messe de minuit. Vous y emmenez Lottchen cette année?

BERNARD.

Oui, l'ermitage n'est pas loin et le père Jérôme, que j'ai vu en passant, nous attend tous les quatre. Vous viendrez aussi, Mathurine?

MATHURINE.

Je veux bien, et j'assisterai à la joie des enfants tout à l'heure. Les voici!...

SCÈNE III

LES MÊMES, KARL, LOTTCHEN (Les enfants reviennent en habits de fête, Lottchen avec un bonnet à trois quartiers trop petit pour sa tête, garni de rubans de couleur; Karl, avec gilet rouge et veste brune, casquette de loutre.)

KARL (l'air surpris).

Comment! grand-père est revenu?

LOTTCHEN (court à lui).

Vous voilà! Mais nous ne vous avons pas entendu rentrer?... (Ils l'embrassent et lui prennent les mains.) Oh! comme vos mains sont froides!

KARL.

Vous allez nous raconter votre voyage à la ville? Pourvu que vous ne soyez pas allé y chercher un bon rhume! Est-ce que vous avez vendu beaucoup de sabots?

BERNARD.

Nous parlerons de tout cela plus tard. Je vous attendais avec impatience, mes enfants, parce que j'ai quelque chose à vous montrer! (Il s'avance vers le fond de la pièce et tire le rideau; l'arbre de Noël, tel que l'a dépeint Lottchen dans son rêve, apparaît alors, illuminé et dressé sur une table.)

LOTTCHEN (jetant un cri).

Ah! grand-père, l'arbre de mon rêve!

KARL (avec admiration).

Mais c'est vrai, Lottchen, regarde donc; voilà les sabots neufs, le petit Jésus de cire, le beau bonnet pour toi!...

LOTTCHEN (montrant du doigt).

Et puis ces images et ces noix dorées... Mais, Karl, qui donc a pu faire venir là ce que j'avais vu dans mon rêve? (Elle regarde son grand-père.) Grand-père!... Oh! c'est vous! Je devine! (Elle se jette à son cou; Karl vient lui prendre une main; Mathurine s'essuie les yeux du coin de son tablier.) C'est vous, oh! cher grand-père! Que vous êtes bon et comme nous vous aimons! (Chacun des enfants le tient par une main; pendant ce temps Mathurine détache les divers objets de l'arbre de Noël.)

KARL.

Comment avez-vous pu trouver tout cela?

BERNARD (souriant).

Ça, c'est mon secret! Avec son travail et son amour, un grand-père peut faire des miracles!

MATHURINE (tendant les sabots).

Essaie donc tes sabots neufs, Karl! Et toi Lottchen, viens que je te mette ton joli bonnet. Il vient à propos, car le tien est décidément trop petit! (Elle lui met le bonnet.) C'est qu'il va à ravir!

KARL.

Mes sabots aussi! Nous allons nous partager les noix et les dragées. Le Jésus de cire sera pour toi, Lottchen?...

LOTTCHEN.

Et pour toi la belle image, Karl!

BERNARD.

C'est ça, mes enfants; arrangez-vous et partagez sans dispute! J'espère que toute votre vie vous ferez de la sorte! A quoi penses-tu, Lottchen?

LOTTCHEN.

Grand-père, je voudrais bien aussi vous donner un arbre de Noël!

BERNARD (s'asseyant et attirant les deux enfants près de lui).

Bonne petite Lottchen! Le plus bel arbre de Noël que vous pourrez m'offrir sera celui de votre sagesse, de votre travail et de l'affection qui vous unira toute votre vie! Quant à moi, le jour où je reposerai, là-bas, à côté de vos parents, vous planterez un petit sapin sur ma tombe; l'été, les oiseaux viendront y chanter; l'hiver y mettra ses blancs flocons; les oiseaux et la neige sont des présents du bon Dieu : ils orneront toujours l'arbre de Noël du grand-père.

KARL ET LOTTCHEN (attristés et pleurant).

Oh! grand-père, pourquoi parlez-vous de nous quitter?

MATHURINE.

Voisin Bernard, n'attristez pas ces enfants, dans un jour comme celui-ci. Croyez-moi, vous resterez longtemps encore avec eux.

KARL.

Oui, grand-père, vous nous verrez grands et forts, et alors, vous pourrez vous reposer, alors, car c'est nous qui vous soignerons, qui travaillerons pour vous.

LOTTCHEN.

Et nous nous rappellerons toujours comment vous avez exaucé le rêve de votre petite Lottchen.

MATHURINE.

Je vais placer la bûche sous la cheminée et l'allumer, Bernard. Voilà la cloche de l'ermitage qui sonne de nouveau; il va être temps de partir pour la messe de minuit. Je vous prédis une chose, voisin, et à vous, les petits, c'est que l'arbre de Noël fera son chemin dans le monde, et que, d'année en année, il apparaîtra au château, aussi bien qu'à la chaumière, à l'école et dans les familles; partout enfin où il y aura de petits enfants.

LOTTCHEN (chantant).

AIR : *La Mère Bontemps.*

Au temps solennel,
On répétera cette histoire;
L'arbre de Noël
Restera dans notre mémoire.
Grand-père pour nous,
Avait, voyez-vous,
Orné d'un présent chaque branche
Pour nous mieux parer le dimanche,
Arbre de Noël,
Salut! présent du ciel! } *bis en chœur.*

KARL.

Un jour au château
On connaîtra cette coutume;
Près du grand manteau
Où la bûche flambe et s'allume,

Oui, l'on dressera,
Et chacun verra
Le sapin chargé de merveilles;
Les petits tendront leurs corbeilles!
Arbre de Noël!
Salut! présent du ciel! } *bis en chœur.*

BERNARD ET MATHURINE.

Et s'il est porté
Jusque dans la pauvre chaumière,
Si, de sa clarté,
Il vient donner joie et lumière,
Les enfants bien doux
Diront à genoux :
« Autour de toi que chacun prie,
Symbole d'une autre patrie!
Arbre de Noël,
Salut, présent du ciel! » } *bis en chœur.*

(*La toile se baisse.*)

FIN DU TROISIÈME ET DERNIER ACTE

PAPA, MAMAN

SAYNÈTE EN 1 ACTE

PERSONNAGES

JACQUES, 7 ans | THÉRÈSE, 6 ans

La scène représentera un salon avec cheminée. De chaque côté on verra deux portraits, ceux du père et de la mère des enfants.

Les deux enfants marquent le pas sur la scène, portant à l'épaule, l'un, une ombrelle et l'autre une canne, en guise de fusil.

JACQUES (commandant).

Une! deux! Une! deux! Marque donc bien le pas, Thérèse.

THÉRÈSE.

Mais, je suis fatiguée, moi! Je ne suis pas un garçon pour jouer toujours au soldat. Remettons nos fusils, veux-tu?

JACQUES.

Nos fusils! ah! oui, on voit bien que nous sommes des soldats pour rire, car, ce sont des fusils pour rire aussi!

THÉRÈSE.

Oui, mais ce qui n'est pas pour rire, c'est que tu as pris l'ombrelle de Maman et moi la canne de Papa; si nous les cassions, nous serions grondés.

JACQUES (avec un fin sourire, montrant du doigt le portrait de sa mère.)

Oh! moi, Maman ne me gronde pas souvent.

THÉRÈSE (avec fierté, de même, montrant le portrait de son père.)

Et moi donc! Papa ne me gronde jamais.

JACQUES.

Comme tu dis ça, on croirait que tu aimes mieux Papa que Maman. Est-ce vrai?

THÉRÈSE.

Et toi, est-ce que tu aimerais mieux Maman par hasard?

JACQUES.

Tu ne réponds pas à ce que je t'ai demandé : préfères-tu Papa ou Maman?

THÉRÈSE.

Dis-moi, le premier, ce que tu penses : lequel crois-tu qu'il faut aimer davantage, Maman ou Papa?

JACQUES.

Maman est si bonne! Même quand elle gronde un

peu, sa voix est si douce! Tu sais, ces beaux anges dont on parle, qui ont des ailes? Quelquefois il m'arrive d'en voir quand je dors, mais les anges de mon rêve, ils ont toujours la figure de Maman.

THÉRÈSE.

Si tu rêves ça, c'est que tu penses plus souvent à Maman qu'à Papa.

JACQUES.

Mais c'est forcé, puisque maman est toujours avec nous. Tu vois, dès le matin, elle se tient tout près de notre lit pour attendre que nous ouvrions les yeux. A peine sommes-nous éveillés, qu'elle nous tend les bras et nous commençons la journée avec ses baisers.

THÉRÈSE (attendrie).

Oh! oui, chère petite mère! Je suis même sûre que pendant la nuit elle vient nous regarder dormir pour s'assurer que nous n'avons besoin de rien. Et comme elle nous habille avec soin! Comme il est bon ce déjeuner du matin que nous prenons, dans sa chambre avant d'aller en classe! Les petits orphelins, ceux qui n'ont pas de mère sont bien à plaindre!

JACQUES.

Oh! moi, si je perdais Maman, je voudrais mourir tout de suite.

THÉRÈSE.

On ne peut pas se passer de Papa non plus, va! Tu sais bien que chaque soir, dans notre prière,

Maman nous fait dire : « Mon Dieu, conservez-nous notre père chéri. »

JACQUES.

Mais tu oublies tout ce que Papa nous recommande pour Maman : le petit bouquet fait à la promenade est toujours pour elle, les jolies surprises, les bonnes nouvelles! « Tâchez de faire plaisir à votre mère », répète si souvent Papa. Il a bien raison, parce qu'une maman ne pense qu'à ses enfants. D'abord, une maman ne les quitte jamais, tandis que Papa est presque toujours dehors; il ne rentre qu'à l'heure des repas et pour se coucher.

THÉRÈSE.

Tu oublies pourquoi il sort, Papa? C'est pour travailler, c'est pour gagner de l'argent. Sans lui, tiens, tu n'aurais pas de belle veste comme ça, ni de chapeau, ni de souliers, ni de bas. ni rien.

JACQUES.

Oh! je sais bien, ni toi pas de robe, et Maman ne pourrait rien acheter pour le ménage.

THÉRÈSE.

Tu vois, sans Papa nous mourrions de faim, peut-être? Pauvre Papa! Je suis sûre qu'il est bien fatigué de travailler comme ça toute la journée. Quand je l'embrasse. quelquefois, son front est tout mouillé. Jamais il ne se plaint, et quand je lui apporte ses pantoufles, il me prend dans ses bras et me serre bien fort en m'embrassant d'un air joyeux. Que c'est donc bon le baisser d'un papa, et que je suis contente d'être la petite fille du mien !

JACQUES.

Plus contente que d'être celle de maman?

THÉRÈSE.

Oh ! non, par exemple !. Et toi, est-ce que tu préfères être le fils de Maman que celui de Papa?

JACQUES.

Non ! non ! Je veux être leur enfant, à tous les deux. Je commence maintenant à comprendre quelque chose.

THÉRÈSE.

Quoi donc?

JACQUES.

C'est qu'il est impossible de choisir et de dire celui qu'on aime le plus de son père ou de sa mère.

THÉRÈSE.

C'est vrai. Je suis bien petite encore, mais j'ai bien vu que personne ne tient à nous comme nos parents. Les amis, tous ceux qui viennent à la maison, nous caressent quelquefois, nous font des compliments, mais si nous sommes un peu moins sages, bien vite, ils froncent le sourcil; tandis que, *même* quand nous sommes tout a fait méchants, les yeux de Papa et de Maman disent encore qu'ils nous aiment, *même* au moment où il faut nous gronder.

JACQUES.

Et comme ils sont heureux quand nous avons un succès, un plaisir!

THÉRÈSE.

Si nous pleurons, personne ne nous console comme eux. Moi, je pense, vois-tu Jacques, qu'un papa et une maman, c'est tout ce qu'il y a de meilleur sur la terre, car, chaque enfant n'a qu'un seul père, qu'une seule mère, tandis qu'il peut avoir plusieurs frères et sœurs, plusieurs amis, plusieurs cousins.

JACQUES.

Tu as raison, Thérèse, et alors, puisque personne ne pourrait jamais les remplacer, disons du fond de notre cœur et pour toujours : Vive papa! vive Maman! (Il chante :)

AIR : *Petit papa c'est aujourd'hui ta fête.*

JACQUES (se tournant à demi vers les portraits.)

On dit que même au nid des hirondelles,
Ce joli nid fait de brins de roseaux,
Quand les petits vont essayer leurs ailes
Ils chantent tous en langue des oiseaux :
Papa, maman! Papa, Maman!

THÉRÈSE (de même.)

Moi, je voudrais ne pas grandir trop vite,
Car la maison, c'est notre nid bien doux.
Mais quel bonheur je suis assez petite,
Pour m'endormir encor sur vos genoux,
Papa, Maman! Papa, Maman!

JACQUES.

Petit ou grand, cela ne peut rien faire;
Moi, si j'avais la barbe d'un sapeur,
A mes parents je craindrais de déplaire,
S'ils me grondaient, vraiment, j'aurais grand peur.
Papa, Maman! Papa, Maman!

LES ENFANTS (ensemble :)

Papa, Maman, que notre voix répète,
Longtemps encor ce cher et doux refrain
Aux jours heureux comme aux jours de tempête.
Dans le plaisir, à l'heure du chagrin :
Papa, Maman! Papa, Maman!

(*La toile se baisse.*)

UN BON PETIT CŒUR

COMÉDIE EN 1 ACTE

PERSONNAGES

UNE PETITE FILLE, 8 ans. | PETITE MENDIANTE, 6 ans.

Une petite fille travaille devant une petite table; elle fait un dessin et paraît très appliquée. (On entend sonner).

La scène représente une salle à manger très simple.

LA PETITE FILLE (se levant subitement).

Tiens! on sonne! Je n'ouvrirai pas puisque maman est sortie. Mais, qui cela peut-il être? Je vais regarder par la fenêtre. (Elle va à la fenêtre et revient.) C'est une petite mendiante! Si je lui jetais un sou... (Elle fouille dans ses poches.) Je n'en ai pas! Non, mon Dieu! Je n'ai pas un seul pauvre petit sou! Bon, voilà qu'il pleut à verse. Elle sonne de nouveau! Oh! maman ne me grondera pas. Je cours lui ouvrir!...

(Elle sort et revient avec la petite mendiante qu'elle tient par la main).

LA PETITE FILLE.

Comme vous voilà mouillée! Vous avez froid! Approchez-vous du feu! Asseyez-vous sur ma petite chaise et chauffez-vous. Pourquoi êtes-vous seule dans la rue par ce temps? Où est votre maman?

LA PETITE MENDIANTE (baissant la tête).

Je n'ai pas de maman.

LA PETITE FILLE.

Et votre papa, il ne s'occupe pas de vous?

LA PETITE MENDIANTE.

Papa est au lit malade. Il ne peut plus travailler parce qu'il a les jambes paralysées.

LA PETITE FILLE.

Vous n'allez pas à l'école?

LA PETITE MENDIANTE.

Je n'ose pas, parce je n'ai pas de souliers et ma robe est toute déchirée!... Et puis je ne peux pas quitter papa.

LA PETITE FILLE.

Pauvre petite fille! Comme vos pieds sont rouges! Vous avez dû souffrir en marchant sur les pierres! Attendez, je vais chercher une de mes paires de bottines. (Elle sort et revient avec les bottines à la main.) Voilà, prenez-les; maman ne se fâchera pas.

LA PETITE MENDIANTE (joignant les mains).

Oh! merci! je pourrai marcher, au moins! Papa va être bien content. Hier soir, il se désolait et ne cessait de répéter : « Quel malheur, ma pauvre petite, que je puisse pas t'acheter de bottines! Que c'est triste d'être malade et pauvre et de voir souffrir son enfant! »

LA PETITE FILLE.

Maman est bien bonne; avec elle, moi, je ne manque de rien.

LA PETITE MENDIANTE.

Mais si elle était malade et si elle n'avait plus d'argent?

LA PETITE FILLE.

C'est vrai, je n'ai jamais pensé à cela!

LA PETITE MENDIANTE.

Si seulement je voyais papa guéri! S'il pouvait marcher, nous aurions un peu d'argent à la maison. Il m'achèterait une robe, des souliers; je serais habillée comme les autres petites filles et j'irais à l'école.

LA PETITE FILLE.

Est-ce que le médecin n'est pas venu voir votre père?

LA PETITE MENDIANTE.

Non, nous ne l'avons pas vu. Tout le temps que papa a pu marcher, il n'a pas voulu le faire appeler; il pensait toujours que le mal s'en irait, et quand il a été obligé de se mettre au lit, il m'a dit : « A quoi servirait d'aller chercher le médecin, ma pauvre petite, puisque nous n'avons pas d'argent pour payer les remèdes! »

LA PETITE FILLE.

Comment! vous n'avez pas d'argent du tout dans votre secrétaire? Mais tout le monde en a, il le faut bien pour acheter les provisions, et tout ce qui est nécessaire à une famille. Je vois maman qui ouvre son secrétaire, à chaque instant, pour prendre l'argent; cela lui sert, chaque fois, à payer quelque chose et elle répète bien souvent : « Mon Dieu! comme on dépense de l'argent, comme tout est cher! On ne peut rien faire sans argent! » Et comment fait-on chez vous, alors?

LA PETITE MENDIANTE.

Chez nous, d'abord, il n'y a pas de secrétaire; il n'y a qu'une table, un lit et deux chaises. Dans le tiroir de la table, il y avait quelques sous, des petits et des gros. Tant que les sous ont duré, j'ai été chercher du pain, et c'est tout ce que nous avons mangé depuis que papa est malade; mais aujourd'hui, le tiroir s'est trouvé vide, alors je suis sortie... (Baissant la tête et se cachant dans ses mains) pour demander des sous... aux passants.

LA PETITE FILLE.

Pauvre petite fille! Vous n'avez pas encore acheté de pain puisque vous vous êtes arrêtée sous notre porte à cause de la pluie?...

LA PETITE MENDIANTE.

Je n'osais pas demander bien fort. Personne ne faisait attention à moi; on passait vite sans me regarder. Alors, la pluie est arrivée, j'ai eu peur, j'ai sonné à votre porte... et depuis hier, je n'ai rien mangé.

LA PETITE FILLE.

Oh! mon Dieu! si seulement maman était là!... Je vais vous chercher du pain, attendez! (Elle sort.)

LA PETITE MENDIANTE, (s'appuyant sur sa main d'un air fatigué).

Que je suis lasse!

LA PETITE FILLE (revenant avec une grosse miche entamée dont elle arrache la mie avec ses doigts).

Tenez, je ne peux pas couper le pain, mais mangez quand même!... Tenez, prenez! Et puis, je me souviens, je dois avoir un sou que maman m'a donné dimanche pour acheter une image, mais je l'achèterai plus tard, une autre fois... (Elle réfléchit.) Voyons, il doit être ici, dans ma petite boîte de mercerie. (Elle cherche dans sa boîte.) Ah! le voilà! Tenez, au moins vous pourrez aussi rapporter un peu de pain à votre père. Moi, je n'ai que cela, je vous le donne.

LA PETITE MENDIANTE (après avoir mangé la mie de pain).

Merci! Ce pain est bien bon! (Regardant ses bottines aux pieds et le sou qu'elle tient dans la main.) Comme papa va être content!

LA PETITE FILLE.

Allez vite le retrouver! Maintenant, je vais attendre maman et je lui dirai ce que j'ai fait en son absence, (Levant le doigt) car je ne cache rien à maman! Je lui demanderai d'aller vous voir et de m'emmener avec elle. Où demeurez-vous?

LA PETITE MENDIANTE.

Oh! pas très loin d'ici, dans la petite ruelle qui fait le coin de votre rue. Notre porte est sous le réverbère; il n'y en a qu'un dans la ruelle.

LA PETITE FILLE.

Je me rappellerai très bien et c'est moi qui conduirai maman.

LA PETITE MENDIANTE.

Croyez-vous que votre maman saura ce qu'il faut faire pour que papa se guérisse?

LA PETITE FILLE (avec assurance).

Oh! maman peut tout parce qu'elle est très bonne. Elle parlera à quelqu'un; elle enverra un médecin; elle saura trouver des remèdes.

LA PETITE MENDIANTE.

Elle est donc bien riche, votre maman?

LA PETITE FILLE.

Non, je ne crois pas; mais maman dit toujours qu'il n'y a pas besoin d'être très riche pour faire du bien.

LA PETITE MENDIANTE (étonnée).

C'est singulier! Moi, je le croyais!

LA PETITE FILLE.

Non! non, c'est un petit secret que tout le monde ne connaît pas et maman m'a souvent répété que je l'apprendrais auprès d'elle en grandissant :

C'est seulement de savoir donner, ce qu'on peut, de bon cœur.

(*La toile se baisse.*)

LE PETIT PATISSIER

COMÉDIE EN 2 ACTES

PERSONNAGES

LE PATISSIER, 6 ans.
UNE BONNE, 8 ans.
DEUX PETITES FILLES, 5 à 7 ans.
DEUX PETITS GARÇONS, 5 à 7 ans.

LE PETIT PATISSIER

PREMIER ACTE

La scène représentera une grande table couverte d'une nappe blanche, quelques assiettes de gâteaux. Un petit pâtissier en costume blanc sera occupé à confectionner de la pâte, et jettera, de temps en temps une poignée de farine sur cette pâte qu'il retournera en tous sens.

SCÈNE PREMIÈRE

LE PATISSIER.

Ma pâte commence à prendre bonne tournure. Je suis sûr qu'elle fera une excellente brioche. Allons, encore un petit tour! Là! là! un peu de farine!

Décidément, je crois que je ferai un bon pâtissier. Maman aurait voulu que je fusse médecin. Elle disait : « C'est une belle carrière! » C'est vrai, mais un médecin doit être grave : je n'étais pas assez sérieux pour ça. Papa aurait préféré que je devinsse avocat. « Avocat, voyez-vous, c'est papa qui l'a dit, cela mène à tout. » Eh bien, moi, j'ai répondu : « Laissez-moi être pâtissier comme mon oncle. » J'aime les gâteaux, je veux apprendre à les faire et j'espère bien en manger aussi des miens!.... Ah! qui vient là? Quelqu'un pour une commande?

LA BONNE (avec un panier au bras).

Bonjour! mon... (Riant.) Ah! mais ce n'est pas vous le patron, bien sûr?

LE PATISSIER (ôtant son bonnet blanc).

Non, je suis l'apprenti. Mais ça ne fait rien. Qu'est-ce qu'il y a pour votre service?

LA BONNE.

Je viens vous commander un gâteau pour une fête. Mais là... je ne sais pas si vous comprendrez bien. C'est pour nos jeunes messieurs et nos jeunes demoiselles qui reçoivent des amis à goûter. Il faudrait quelque chose de grand, mais pas trop lourd... qui soit très beau, mais pas très cher... Vous comprenez?...

LE PATISSIER.

Oui, oui, je crois?... (A part.) Il faut toujours avoir l'air! Si vous me disiez le nom de ce gâteau que vous désirez? Est-ce une brioche?

LA BONNE.

Non.

LE PATISSIER.

Est-ce un biscuit?

LA BONNE.

Non.

LE PATISSIER.

Est-ce un savarin?

LA BONNE.

Non plus.

LE PATISSIER.

Alors c'est peut-être une méringue à la crème?

LA BONNE.

Eh bien, non! Madame n'a dit aucun de ces noms-là. Tenez, c'est quelque chose qui *croque* et qui ressemble à une tour de la cathédrale! Mais une tour en gâteau... s'entend!

LE PATISSIER.

Quelque chose qui croque!... Une tour!... Attendez donc! Ah! j'y suis! C'est une *croquande!* (A part.) Mon gâteau favori! C'est fait avec des amandes.

LA BONNE.

Justement. Voulez-vous écrire la commande, maintenant?

LE PATISSIER.

Pour quel jour voulez-vous cette croquande?

LA BONNE.

La petite fête chez nous est pour jeudi. Il faudra l'apporter jeudi à trois heures et demie. Tâchez qu'elle soit réussie au moins?

LE PATISSIER.

N'ayez pas peur, ce sera mon triomphe : j'y mettrai les amandes les plus fraîches, le sucre le plus fin, les soins les plus délicats. (A part.) Je crois que je m'entends à faire l'article!...

LA BONNE.

Vous serez exact pour l'heure aussi?

LE PATISSIER.

Oui, oui, soyez tranquille.

LA BONNE.

Bien le bonjour, alors, monsieur le Pâtissier. Je m'en vas... (Elle fait mine de sortir et revient au moment où le Pâtissier porte à sa bouche un petit morceau de pâte.) Mais, attendez... il me vient une inquiétude!...

LE PATISSIER.

Quoi donc?

LA BONNE.

N'allez pas manger le gâteau en route quand vous l'apporterez?...

LE PATISSIER.

Moi? Ah! par exemple! Pourquoi pensez-vous ça?

LA BONNE.

C'est que vous êtes bien jeune... et... puis... c'est que vous avez l'air d'aimer beaucoup les gâteaux...

LE PATISSIER (protestant).

Je les aime, oui, c'est possible, puisque c'est à cause de ça que je me suis mis dans le métier. Mais, je ne mange pas ceux des pratiques. Oh! non! (A part.) J'y goûte un peu quelquefois, voilà tout.

LA BONNE.

Allons! pour cette fois je m'en vas tout de bon. Adieu!

LE PATISSIER.

Au revoir! Jeudi, vous aurez votre croquande et vous m'en direz des nouvelles. (La bonne sort.) Ma pâte est terminée, je vais la mettre au moule, puis au four. C'est après-demain jeudi, j'ai le temps de préparer ce qu'il faut pour la croquande. Mais, j'ai un peu oublié la recette, car on n'en fait pas tous les jours. Il faudra que je demande quelques explications au patron! Je l'entends de l'autre côté... Allons! (Il sort par le fond.)

(*La toile se baisse*).

FIN DU PREMIER ACTE

DEUXIÈME ACTE

SCÈNE PREMIÈRE

LA BONNE.

La scène représentera une table dressée avec quatre couverts, quelques bonbons, pots de confitures, crème, etc.

LA BONNE (arrangeant une assiette).

Voilà, tout est prêt, maintenant les enfants vont venir se mettre à table. (Regardant la pendule.) Mais il est quatre heures, c'est le moment de goûter, et ce pâtissier qui n'arrive pas! Je m'en suis méfiée, aussi! Un bambin, haut comme ça, et qui mangeait sa pâte en la pétrissant... Il est capable d'avoir dévoré notre croquande!

SCÈNE II

LA MÊME, LES ENFANTS

LES ENFANTS (derrière la porte).

Annette! Annette! Est-ce que le goûter n'est pas prêt?

LA BONNE (courant affairée à droite et à gauche).

Si, attendez! Mon Dieu! Ce pâtissier me fait-il faire un mauvais sang! Enfin, pendant qu'ils commenceront à manger, il pourra encore arriver. (Elle ouvre la porte.) Mademoiselle est servie!

LES ENFANTS (se précipitent et s'arrêtent en regardant la table).

Où est la croquande, la belle croquande que maman nous avait promise?

LA BONNE.

Elle n'est pas encore arrivée. Mais asseyez-vous, pendant que vous mangerez la crème et les biscuits, je vais guetter à la fenêtre; j'apercevrai peut-être le pâtissier! (Les enfants s'installent.)

PREMIÈRE PETITE FILLE (mangeant).

C'est égal, c'est dommage pour le coup-d'œil, qu'elle ne figure pas d'avance sur la table.

PREMIER GARÇON (buvant et reposant son verre).

Pourvu qu'elle arrive et qu'on puisse la manger, c'est le principal. Moi, je tiens surtout à la voir dans mon assiette.

DEUXIÈME PETITE FILLE.

Oh! que les garçons sont gourmands!

DEUXIÈME PETIT GARÇON (riant).

Les petites filles le sont tout autant, mais elles ne veulent pas en avoir l'air!

LA BONNE (à la fenêtre se retournant vers le centre).

Ah! enfin, voilà le pâtissier! voilà la croquande!

LES ENFANTS.

Quelle chance! quel bonheur!

LA BONNE.

Oh! mais, que fait-il? Il s'arrête!... Il mange, je crois? Il a cassé un morceau de la croquande!...

LES ENFANTS (se levant).

Qu'est-ce que vous dites, Annette?

LA BONNE (se remettant à la fenêtre et se retournant après chaque phrase).

Laissez-moi voir! Ah! quel malheur, elle ne tient plus d'aplomb! Elle va tomber... Patatras! Elle est en morceaux!... Ah! le brigand, le monstre! que va dire madame? (Elle lève les bras au ciel.)

LES ENFANTS (consternés).

Annette! Annette! qu'arrive-t-il donc à notre pauvre croquande?

PREMIÈRE PETITE FILLE.

Mais dites-nous ce qui se passe?

LA BONNE.

On sonne! Laissez-moi aller ouvrir! Ah! ce pâtissier de malheur! Si c'est lui, je l'amène ici par les oreilles.

PREMIER PETIT GARÇON.

Moi, je me remets à table, en attendant.

SCENE II

LES MÊMES, LE PATISSIER

LA BONNE (entrant tenant à la main l'assiette avec les morceaux de la croquande brisée).

Tenez, le voilà! Et voilà son ouvrage! Est-ce que ça ne fait pas pitié, un pâtissier qui mange et qui brise ses gâteaux en les portant chez les pratiques!

LE PATISSIER. (pleurant et baissant les tête).

Oh! pardon! pardon!

LA BONNE (furieuse).

Oui, j'avais bien raison de me méfier de vous quand je vous ai fait la commande!

PREMIÈRE PETITE FILLE (s'approchant et touchant les morceaux).

(Au patissier) Vous êtes tombé, peut-être, et c'est en tombant que la croquande s'est brisée?

LA BONNE (à part).

Nous allons voir, s'il s'avise de mentir?

LE PATISSIER (baissant les yeux).

Non, mademoiselle, je ne suis pas tombé.

PREMIER PETIT GARÇON.

Quelqu'un vous a poussé peut-être?

LA BONNE (à part).

Il va dire oui, pardi!

LE PATISSIER.

Eh! non, mon petit Monsieur, il n'y avait personne dans la rue.

DEUXIÈME PETITE FILLE.

Mais alors, comment l'accident est-il arrivé?... C'est drôle!

LA BONNE (à part).

Je n'y tiens plus; s'il ne le dit pas, c'est moi qui vais le dire! (Au pâtissier.) Vous savez, j'étais à la fenêtre, je vous ai vu quand vous étiez tout près de la maison.

LE PATISSIER (avec hésitation et tournant son béret dans ses doigts, après avoir posé l'assiette sur la table).

Eh bien, voilà!... C'est que j'aime beaucoup les gâteaux; cette croquande me semblait si bonne! C'est la première fois que j'en ai fait moi-même. Je voyais un petit morceau qui dépassait; je me suis dit que je pourrais le manger sans que ça y paraisse; j'ai tiré pour le détacher, mais il tenait bien; un gros morceau s'est brisé et tout s'est effondré! Oh! je suis bien puni!... (Il se cache dans ses mains et pleure.) Maman avait bien raison!...

LA BONNE (à part).

S'il est gourmand, du moins il n'est pas menteur.

LES ENFANTS (se regardant attendris).

Le pauvre garçon!

DEUXIÈME PETITE FILLE.

Que disait-elle, votre Maman?

LE PATISSIER.

Hi! hi! quand j'ai voulu entrer dans le métier, elle me disait : « Prends garde, tu aimes trop les gâteaux.

Ceux que tu feras et que tu vendras dans le magasin de ton patron ne seront pas à toi, et si tu t'avisais d'y toucher, tu commettrais une mauvaise action, un vol même, aussi bien que l'employé infidèle qui dépense l'argent qu'on lui a confié. L'honnêteté se retrouve dans les plus petites choses! » Voilà ce qu'elle disait, Maman. Mais, comment vais-je faire maintenant? La croquande est brisée, personne ne voudra la payer... Il faudra tout raconter à mon patron, et il me chassera!... Oh! mon Dieu!

DEUXIÈME PETIT GARÇON (goûtant un des morceaux de la croquande).

Ces morceaux sont excellents! Si nous les mangions?

PREMIÈRE PETITE FILLE.

Oui, mangeons-les. (Au pâtissier.) Allons, il ne faut plus vous faire de chagrin. Nous raconterons, ce soir, à nos parents, ce qui s'est passé et notre mère qui est si bonne paiera, j'en suis sûre, la croquande à votre patron pour qu'on ne vous renvoie pas... Et puis, nous lui dirons qu'elle était délicieuse!... Et tenez, voilà un morceau pour vous. Nous voulons que vous y goûtiez; mais une autre fois vous n'aurez plus envie de toucher aux gâteaux de vos pratiques. (Elle lui tend un morceau de croquande.)

LE PATISSIER.

Oh! merci, mes bonnes demoiselles! Merci, mes bons messieurs! Vous verrez que le petit pâtissier n'est pas un ingrat. Voici le jour des Rois qui arrive. Ce jour-là mon patron me donne une part de farine, des œufs et le reste, enfin, de quoi me faire un gâteau pour moi; mais c'est pour vous que je le ferai, et je le soignerai, allez!... Et il ne vous coûtera rien.

LA BONNE.

N'oubliez pas d'y mettre une fève, au moins!

LE PATISSIER (naïvement).

J'en mettrai deux, et les deux rois (se tournant vers les petits garçons) choisiront les deux reines. (Se tournant vers les petites filles).

LES ENFANTS (riant).

Ah! ah! mais, il n'y aura plus de surprise, alors!

LE PATISSIER.

Qu'est-ce que ça fait; moi je veux que vous soyez tous rois et tous reines en mangeant mon gâteau. Puisqu'on dit que ceux qui règnent doivent être bons et généreux, et puisque vous l'avez été pour moi, je vous fais rois et reines daus mon cœur et je chante pour finir :

AIR : *Maman les p'tits bateaux.*

En faisant le métier
De pâtissier,
Il faut apprendre
A ne manger, ni prendre,
Tous les gâteaux
De ses fourneaux.

PREMIÈRE PETITE FILLE.

Mettez-vous dans la tête
D'être toujours honnête,
Fabriquez des babas,
Oui, mais n'y touchez pas.

TOUS LES ENFANTS.

En faisant le métier
De pâtissier, etc., etc.

PREMIER PETIT GARÇON.

Souvent on vous pardonne,
Sans rien dire à personne,
Mais c'est, lorsqu'à l'aveu,
Vous rougissez un peu.

TOUS LES ENFANTS.

En prenant le métier, etc.

DEUXIÈME PETITE FILLE.

Soumis à votre mère,
Vous avez entendu,
Croyez cette voix chère,
Qui dit : « C'est défendu ! »

REFRAIN EN CŒUR

En faisant le métier
De pâtissier,
Il faut apprendre
A ne manger, ni prendre,
Tous les gâteaux
De ses fourneaux.

(*La toile se baisse*)

LES SAISONS

SAYNÈTE EN 1 ACTE

PERSONNAGES

PRINTEMPS, 8 ans | AUTOMNE, 10 ans
ÉTÉ, 9 ans | HIVER, 12 ans

PLUSIEURS ENFANTS de 4 à 8 ans

Quelques enfants assis s'amuseront : une petite fille, avec une poupée; un petit garçon sera sur un cheval de bois à bascule ou à mécanique; un autre, fera marcher une toupie; une seconde petite fille dressera les différentes pièces d'un ménage sur une table, et enfin un bébé fera tourner une crécelle. Tout en jouant ces enfants causeront et discuteront.

LE PETIT GARÇON (sur le cheval de bois).

Quel ennui d'être enfermé dans cette vilaine chambre! On ne veut plus nous laisser sortir parce qu'il pleut. Oh! la vilaine saison que l'hiver! Je voudrais toujours être en été, moi!

LA PETITE FILLE (tenant la poupée).

Moi je trouve qu'on a trop chaud l'été; j'aime mieux le printemps, il ne fait ni trop chaud, ni trop froid, c'est la plus jolie des saisons!

LE PETIT GARÇON (avec la toupie).

Eh bien! vous direz tout ce que vous voudrez, mes chers amis! J'aime l'hiver avant tout. En avant les glissades, les boules de neige, les petits traîneaux!...

LA PETITE FILLE (avec le ménage).

Oui, et les engelures et les rhumes!... Si j'avais fait les saisons, moi, j'aurais voulu avoir toujours l'automne. C'est le temps des vacances, des voyages, des vendanges.

LE BÉBÉ (avec la crécelle).

Dites un peu, quand est-ce qu'on fait les confitures?... Moi je voudrais toujours la saison des confitures!...

TOUS LES ENFANTS (riant).

Ah! ah! quelle drôle d'idée!

PREMIÈRE PETITE FILLE.

Écoutez, j'entends un bruit!... Ah! qu'est-ce que c'est?...

LE PRINTEMPS.

(Petite fille habillée de rose avec des pâquerettes, des guirlandes, des fleurs des champs sur la jupe).

N'ayez pas peur, mes amis! Vous me connaissez déjà, et tout à l'heure vous avez désiré ma venue (elle chante :)

(Air : *Il était un p'tit homme qu'on app'lait Guilleri.*)

Saison joyeuse et belle,
On m'appelle Printemps;
Tous les ans,
J'amène l'hirondelle,
Et voit la fleur des champs
Refleurir,
L'herbe reverdir,
Tout se réjouir,
Aussi le gai printemps
Devrait durer (*ter*) longtemps.

L'hiver.

(Un petit garçon couvert de petits papiers blancs simulant la neige; vêtements garnis de fourrure, et soufflant dans ses doigts).

Je suis l'Hiver. On a parlé de moi aussi, et je viens dire à ceux qui m'aiment :

Patiner sur la glace
Et glisser en traîneau
Que c'est beau!
En passant sur la place
Devant le vieux château,
Puis, du ciel,
Attendre à Noël,
Au jour solennel,
Un présent merveilleux
Voilà l'hiver (*bis*) et c'est un temps heureux.

L'été.

(Petite fille en blanc avec une gerbe d'épis et une petite faucille à la main).

Laissez-moi dire aussi mon petit mot, car, je sais que j'ai des amis ici :

L'été, la moissonneuse
Chante, dès son réveil,
Au soleil,
Et sous l'allée ombreuse
Va chercher le sommeil,
Et le soir,
Le cœur plein d'espoir,
Répète : « Au revoir! »

A tous les travailleurs.
Vive l'été (*bis*) qui rend les gens meilleurs.

L'AUTOMNE.

(Petit garçon habillé en chasseur avec fusil, carnassière; d'une main il tiendra une branche portant des grappes de raisin).

Vous avez beau dire, c'est moi qui l'emporte; écoutez plutôt :

En automne l'on chasse,
On part au son du cor.
Mais, encor,
Pour l'enfant, pas de classe,
Il peut prendre l'essor.
Puis, enfin,
Partout le raisin
Prépare le vin.
L'automne, mes amis,
Plaît avant tout (*bis*), soyez de mon avis.

PREMIER PETIT GARÇON.

Eh bien, décidément, toutes les saisons sont bonnes.

PREMIÈRE PETITE FILLE.

Moi, je ne sais plus laquelle je préfère; je crois que je les aime toutes et si vous voulez nous leur répondrons en chœur :

Les enfants, pendant que les saisons parleront, resteront à leur place et au cinquième couplet, entoureront les quatre saisons qui se tiendront au milieu.

Saisons, Dieu vous a faites
Gardiennes du plaisir
D'avenir.
Restez ce que vous êtes!
Un tendre souvenir,
Tous les ans,
Automne et Printemps,
Dans nos plus doux chants
Vous sera conservé
Comme à vos sœurs (*bis*) l'Hiver et puis l'Eté!

(Ils saluent.)

(*La toile se baisse.*)

AUTREFOIS, AUJOURD'HUI

COMÉDIE EN 1 ACTE

PERSONNAGES

M. LAMBINET, vieux maître d'école, 10 ans.
UNE DIRECTRICE D'ÉCOLE MATERNELLE, 8 ans.
PETITS GARÇONS, PETITES FILLES, 4 à 7 ans.

SCÈNE PREMIÈRE

La scène représente une classe. Plusieurs enfants, petits garçons et petites filles, sont occupés à dessiner sur leurs ardoises. La maîtresse, en face d'eux, trace le modèle sur un tableau noir.

LA DIRECTRICE.

Nous faisons une maison; voici la forme de la maison, les murs, la façade... (Elle se recule.) Là

Maintenant, vous allez me dire vous-mêmes ce qu'on voit sur la façade de toutes les maisons en les regardant depuis la rue?...

UNE PETITE FILLE.

Les fenêtres!...

UN PETIT GARÇON.

La porte!...

LA DIRECTRICE

Oui, c'est cela! Nous allons alors dessiner les fenêtres, la porte. (Elle continue le dessin et jette un coup d'œil vers la fenêtre.) Ah! mais, voici une visite... Tiens! c'est M. Lambinet, le vieux maître d'école. Soyez sages, mes enfants, et que chacun, après avoir salué, continue son petit travail.

SCÈNE II

LES MÊMES, LE VIEUX MAITRE D'ÉCOLE (ce dernier habillé à l'ancienne mode : grande redingote, culotte courte, tricorne, coiffure en queue de rat.)

M. LAMBINET (courbé en deux, s'appuyant sur une canne).

Bonjour, Madame la Directrice, je viens vous faire une petite visite de voisin. Vous m'avez promis de me montrer votre école. Peste! (Il regarde de tous côtés.) ne vous gênez pas! Les institutrices sont logées dans des palais, aujourd'hui! Quelles grandes fenêtres! De mon temps on voyait à peine clair dans la classe...

LA DIRECTRICE (riant).

Asseyez-vous, Monsieur Lambinet. (Elle fait signe aux enfants qui se sont levés de se rasseoir.) Nous sommes bien heureux...

M. LAMBINET (A part).

J'avais plus d'enfants que ça, moi, dans ma classe! (Haut.) Vous disiez, Madame la Directrice?...

LA DIRECTRICE.

Je disais que nous sommes bien heureux d'avoir des écoles où la lumière et le bon air peuvent pénétrer; oui, nous sommes plus heureux aujourd'hui que vous ne l'étiez autrefois. Tout le monde s'en trouve bien, et la santé des enfants aussi!

M. LAMBINET (frappant avec sa canne).

Bah! bah! ce sont de grandes phrases, tout ça!... A quoi sont-ils donc occupés, vos marmots!

LA DIRECTRICE.

Ils dessinent!

M. LAMBINET.

Ils dessinent!... Dieu me pardonne, il n'y a plus d'enfants!... Ils dessinent avant de savoir écrire! De mon temps, on ne dessinait pas avant quinze ans, c'était réglé! Tout est bouleversé maintenant, et ma foi, tenez! je crois que les enfants n'apprennent pas grand chose à l'école d'aujourd'hui!

LA DIRECTRICE.

Mais si, vous vous trompez, ils apprennent très bien; seulement tout ce qu'on leur dit, tout ce qu'on leur explique, on le rend plus attrayant, on se met davantage à leur portée, on ne leur impose pas des choses réglées d'avance, comme vous disiez tout à l'heure, on cherche plutôt à développer leur goût, leurs dispositions. Ainsi, tous les petits enfants aiment à tenir un crayon, ils essaient d'imiter quelque chose, de tracer une maison, un arbre, un rond, un carré, eh bien! sans les ennuyer, sans les fatiguer, on les rend plus adroits, en leur montrant la façon de s'y prendre.

M. LAMBINET (prisant).

Vous avez beau dire, tout ça, à mon avis, c'est du temps perdu. Lire et écrire, voilà la grande affaire. Je parie que vos élèves n'arrivent pas à lire. Quand on s'occupe de tant de choses, il ne reste rien pour la lecture.

LA DIRECTRICE.

Vous croyez? Eh bien! vous allez en juger! (Faisant signe à un des enfants.) Paul, venez ici, mon petit ami! Prenez votre livre et lisez devant M. Lambinet, à la page qu'il choisira lui-même.

M. LAMBINET (étonné).

Comment, n'importe laquelle, même si c'est une page qu'il n'a pas lue déjà? C'est impossible!

LA DIRECTRICE.

Si, si, essayez... Lisez bien sur le ton, mon petit Paul.

PAUL (lit quelques lignes. La directrice l'arrête au bout d'un instant).

Racontez, maintenant, à Monsieur ce que vous avez lu?

PAUL.

(Il fait son petit récit).

M. LAMBINET, (suivant dans le livre).

Tiens, il ne dit pas les mots du livre! Il ne sait donc pas par cœur!

LA DIRECTRICE.

Mais non, il a retenu le sens, ce qui prouve qu'il a compris.

M. LAMBINET.

De mon temps, tout s'apprenait par cœur! Les enfants avaient une mémoire merveilleuse. Tenez je me rappelle encore une certaine fable que je leur avais apprise et qu'ils avaient fini par savoir très bien quoiqu'elle fut longue! Je l'ai fait réciter à une distribution de prix, tout le monde était dans l'admiration.

LA DIRECTRICE.

C'était?...

M. LAMBINET.

Le chêne et le roseau! Oh! oui, je crois encore les entendre, mes élèves, lorsqu'ils disaient tous ensemble : (déclamant.)

Le chêne dit un jour au roseau :
« Vous avez bien sujet d'accuser la nature
Un roitelet pour vous est un pesant fardeau,
Le moindre vent qui, d'aventure,
Fait rider la face de l'eau
Vous oblige à courber la tête... » etc., etc.

Et ils allaient jusqu'au bout, sans s'arrêter. C'était admirable! Cette fable est fort belle!...

LA DIRECTRICE (riant).

Oui, elle est très belle, cette fable, mais je crois que nos petits enfants ne peuvent guère la comprendre. Je préfère de beaucoup leur faire apprendre de petits dialogues dont ils aiment à représenter les personnages, parce que ces personnages sont des enfants comme eux. Partagé entre plusieurs, le morceau n'est jamais bien long à retenir pour chacun, et puis, cela les habitue, en même temps, à bien se tenir, à se présenter, à répondre, à mieux parler tout en exerçant leur mémoire.

M. LAMBINET.

Ah oui! l'on m'a dit que vous leur faisiez jouer des comédies!... Belle occupation! Eh! ma foi, on a tout l'air de ne penser qu'à s'amuser dans vos écoles d'aujourd'hui.

LA DIRECTRICE.

Oh! des comédies! Ce sont ceux qui n'y ont pas assisté qui disent cela!

M. LAMBINET.

Je parierais que vos enfants ne savent même pas compter jusqu'à dix?

LA DIRECTRICE.

Mais si, je vous assure! Ils font même très bien de petites additions.

M. LAMBINET (prisant).

Nous allons voir! (Il commence sur un ton traînard.) Une et un font deux! Deux et deux font quatre! Trois et trois font six!... Eh bien, allez donc!... Qu'est-ce qui les arrête? Mes élèves, voyez-vous, savaient ça comme leur *Pater*.

LA DIRECTRICE.

Sans doute, mais peut-être ne comprenaient-ils pas très bien? Ils ne devaient pas se rendre compte des quantités?

M. LAMBINET.

Comprendre! comprendre! pourquoi voulez-vous toujours qu'ils comprennent? Les enfants n'ont qu'à répéter ce qu'on leur dit...

LA DIRECTRICE (riant).

Sans comprendre?

M. LAMBINET.

Sans comprendre! Cela viendra plus tard!

LA DIRECTRICE.

Pourquoi donc ne pas leur rendre les choses faciles et claires? Venez, Henri, prenez cette boîte remplie de noisettes. Montrez-en deux à M. Lambinet, montrez-en quatre? Comptez combien cela fait en tout?...

HENRI (il compte).

Cela fait six!

LA DIRECTRICE.

Vous voyez, il a compris?

M. LAMBINET (vexé).

Il paraît qu'on chante aussi chez vous? qu'on raconte des histoires et qu'on ne punit jamais; c'est le monde renversé.

LA DIRECTRICE.

Mais oui, on raconte des histoires, mais, qui contiennent toujours un enseignement quelconque, comme celle-ci, par exemple : (La directrice prend un objet, elle en fait la description, elle en explique l'utilité et conclut par une pensée morale, elle fait, en un mot, une petite leçon de choses, à son choix, puis, elle interroge les enfants). Vous voyez M. Lambinet que le côté instructif et moral n'est pas oublié? Allons, nous arriverons peut-être à vous convertir. Pourquoi voulez-vous que nous regrettions les pensums et le martinet? Si nos enfants ont l'esprit plus ouvert, ils comprendront mieux aussi nos petites remontrances, qu'en pensez-vous?

M. LAMBINET (regrettant).

Ma foi!... hum! hum!... Enfin, il est certain que si j'étais élève, je me plairais davantage à votre école qu'à la mienne. Ces enfants-là ont toujours l'air de rire. Les miens pleuraient longtemps avant de s'habituer à la classe.

LA DIRECTRICE.

Eh bien, Monsieur Lambinet, voilà la meilleure preuve qu'*aujourd'hui* vaut mieux qu'*autrefois*. Et je suis sûre d'avance que vous allez applaudir les petits couplets que mes élèves vont vous chanter :

AIR : *Il court, il court le furet.*

CHOEUR

Venez, petits écoliers,
Le jeu saura vous instruire;
Venez, petits écoliers,
Avec livres et cahiers,

UN PETIT GARÇON.

N'est-il pas divers sentiers
Où l'on pourra nous conduire,
N'est-il pas divers sentiers
Pour cueillir de beaux lauriers?

CHOEUR

Venez, petits écoliers, etc., etc.,

UNE PETITE FILLE

Les plus aimables leçons,
Par nous, sont les mieux comprises;
Les plus aimables leçons
Accompagnent nos chansons.

CHŒUR

Et gais comme des pinsons,
Au joyeux temps des cerises,
Et gais comme des pinsons,
Sans peine nous grandissons.

(Ils saluent.)

(*La toile se baisse.*)

LE NID TOMBÉ

COMÉDIE EN 2 ACTES

PERSONNAGES

UN PETIT CHASSEUR, 6 ans.
ALAIN, 5 ans.
SUZANNE, 4 ans.
MOISSONNEURS ET MOISSONNEUSES, figurants, même âge que les précédents.

LE NID TOMBÉ

PREMIER ACTE

La scène représente la campagne, un champ, une prairie. A droite et à gauche, des moissonneurs et des moissonneuses travailleront, la faucille à la main. Une grosse pierre ou un vieux tronc d'arbre, sur un des côtés, en avant de la scène. Au lever du rideau, les moissonneurs et les moissonneuses chanteront un chœur.

SCÈNE PREMIÈRE

ALAIN, SUZANNE, MOISSONNEURS ET MOISSONNEUSES

Pendant le chœur des moissonneurs et des moissonneuses, Alain et Suzanne seront occupés à cueillir des fleurs du côté de l'arbre, sur le devant de la scène.

SUZANNE.

Regarde, Alain, la belle fleur rouge! Tu n'en as pas encore comme celle-là, toi?

ALAIN.

Non, mais j'en ai d'autres, tiens! Voici des marguerites, des bleuets, des boutons d'or. Ta fleur s'appelle un coquelicot! Je parie que tu ne savais pas son nom?

SUZANNE.

Si, si; maman me l'avait déjà appris, mais je l'avais oublié... Je la trouve plus belle que les tiennes. (Elle la regarde à distance.) Oh! oui, elle fait beaucoup plus d'effet!

ALAIN (l'air un peu inquiet).

Les miennes sont pourtant bien jolies aussi... Mais si tu voulais nous pourrions les mettre ensemble. Dis, veux-tu, Suzanne?

SUZANNE.

C'est que je désirais les garder pour faire un bouquet à maman.

ALAIN.

Mais, moi aussi, je cueillais mes fleurs pour elle!

SUZANNE.

Laisse-moi voir si mon coquelicot fait bien? Oh! oui, j'aime beaucoup ces couleurs mélangées!...

ALAIN.

Mais notre bouquet est encore bien petit, si nous ajoutions quelques-unes de ces jolies herbes qui ressemblent à des plumes et que j'aperçois à côté de cet arbre, là-bas?

SUZANNE.

Tu as raison, allons! (Ils s'élancent du côté de l'arbre, et se baissent pour cueillir des herbes.)

ALAIN.

Oh! Qu'est-ce que c'est que ça? (Il ramasse un nid.) Regarde, Suzanne, ce que je viens de trouver!

SUZANNE

Mais, c'est un nid! Un nid d'oiseau. (Elle s'approche.) Laisse-moi voir! Il y a quelque chose qui remue au fond! J'aperçois une patte, un bec!

ALAIN (examinant à son tour).

Tu as raison, il y a un petit! Deux, même! Tu les vois, maintenant? Ces brins de paille, mêlés avec de la mousse, les cachaient! Comment ce nid se trouve-t-il là?

SUZANNE.

Il a dû tomber de l'arbre pendant l'orage de cette nuit. Tu te rappelles bien ces coups de tonnerre hier soir, nous avions si peur, tous les deux! Pauvres oiseaux! C'est étonnant qu'ils n'aient pas été tués.

ALAIN.

Ils poussent de petits cris, entends-tu?

SUZANNE.

Oh! je suis sûre qu'ils appellent leur père et leur mère! (Elle s'arrête.) Tiens! qu'est-ce que j'ai senti sous mon pied? (Elle se baisse.) Ah! mon Dieu! Un petit oiseau mort!

ALAIN (se baissant à son tour).

En voici deux autres, ça fait trois. Ce sont les frères de ceux qui sont dans le nid. Ils auront été tués en tombant de l'arbre.

SUZANNE.

Comme c'est triste, Alain. J'ai envie de pleurer. Le père et la mère de ces malheureux oiseaux auraient bien du chagrin s'il les voyaient.

ALAIN.

Il faut les enterrer, veux-tu? Je vais creuser un trou assez profond, là, à côté de l'arbre. Laisse-moi faire. (Il prend un bâton et creuse la terre.) Apporte-les maintenant, Suzanne. (Il les dépose dans le trou et les recouvre de terre.) Là! Au moins personne ne leur fera plus de mal.

SUZANNE.

Je veux mettre ces fleurs sur leur petite tombe. (Elle se redresse.) Mais j'ai entendu un cri, un cri d'oiseau, là-haut, au-dessus de ma tête.

ALAIN (levant les yeux).

Ce n'est pas étonnant, voilà deux oiseaux qui volent autour de l'arbre. Je parie que c'est le père et la mère de ceux qui sont dans le nid. Ils ont dû entendre crier leurs petits et ils leur répondent à leur manière.

SUZANNE.

Oh! si nous pouvions leur rendre leurs enfants!... (On entend un coup de fusil. Suzanne se bouche les oreilles et laisse tomber son bouquet.) Dieu que j'ai eu peur! (Elle se baisse pour ramasser ses fleurs.) Mes pauvres fleurs!

ALAIN (qui a regardé d'où partait le coup de fusil).

Suzanne! Suzanne! Regarde donc du côté de la montagne. Voilà le chasseur qui a tiré. Il tient encore son fusil tout prêt, et on dirait qu'il vise les oiseaux qui tournent autour de cet arbre.

SUZANNE.

Oh! quel malheur s'il allait tuer le père et la mère de ces pauvres petits. Il vient par ici. Allons vite au devant de lui pour demander leur grâce.

ALAIN.

Il ne voudra pas! Les chasseurs sont impitoyables.

SUZANNE.

Laisse-moi faire, je lui parlerai.

(Ils courent tous les deux en se donnant la main.)

(*La toile se baisse.*)

FIN DU PREMIER ACTE

DEUXIÈME ACTE

Même décor qu'au premier acte.

SCÈNE PREMIÈRE

LE PETIT CHASSEUR.

Bon! Je l'ai manqué encore celui-là! (Il ouvre sa gibecière et en sort deux ou trois petits oiseaux.) Une mésange! un roitelet! un rouge-gorge! C'est du gibier de roi, foi de saint Hubert! Allons, je ne suis pas trop mécontent de ma journée. Mais, il m'en faut d'autres! Il faut que je rapporte au moins la demi-douzaine, sans quoi la cuisinière de mon oncle se moquera encore de moi. Cette vieille Catherine est insupportable. (Il remet ses oiseaux dans sa gibecière, et regarde de tous côtés.) Plus rien! Je n'aperçois pas le moindre petit point noir. On dirait que mon fusil fait peur aux oiseaux. (Il s'assied au pied de l'arbre.) Ma foi! reposons-nous un peu, il fait si chaud!... (Il s'éponge le visage avec son mouchoir.) C'est égal, je ne peux pas revenir comme l'autre jour, avec ma gibecière presque vide. Catherine ne manquerait pas de m'appeler le chasseur bredouille! Ah! mais voici deux oiseaux là-bas qui tournent autour d'un arbre. (Il se lève et reprend son fusil.) Il s'agit de ne pas les manquer. (Il s'écarte et ajuste son fusil.) Visons bien!...

SCÈNE II

LE MÊME, ALAIN, SUZANNE

ALAIN ET SUZANNE (accourant et criant).

Arrêtez, arrêtez, monsieur le chasseur !

LE CHASSEUR (se retournant).

Des enfants! Ah! saperlipopette! Vous m'avez fait manquer mon coup.

SUZANNE.

Ne tuez pas nos pauvres oiseaux.

LE CHASSEUR.

Comment, vos pauvres oiseaux? Ils sont à vous ces oiseaux-là?

ALAIN.

Non, mais... Tout à l'heure, nous avons trouvé un nid; regardez, monsieur le chasseur, il y a là deux petits, les autres sont morts...

SUZANNE.

Et nous les avons enterrés, là-bas, au pied d'un arbre; alors nous avons vu deux oiseaux qui volaient autour de nous en poussant des cris plaintifs, c'était bien sûr le père et la mère...

ALAIN.

Tout à coup votre fusil s'est tourné de leur côté, et nous avons couru bien vite pour vous empêcher de tirer...

LE CHASSEUR (regardant le nid que lui tend Suzanne).

Pauvres petits! Ma foi, non, je n'aurai jamais le courage de tuer leur père et leur mère. Qu'allez-vous en faire?

SUZANNE.

Si l'on pouvait remettre le nid sur un arbre...

LE CHASSEUR.

C'est une bonne idée! Nous allons demander à l'un des moissonneurs qui sont dans le champ, là-bas, de nous rendre ce service. Ces gens-là grimpent comme des écureuils. Mais, c'est égal, quand je vais rentrer on va encore se moquer de moi... Car, avec cette histoire, je n'ai plus le courage de tuer aucun oiseau. La vieille Catherine, la cuisinière de mon oncle, va-t-elle se faire un bon sang!... Vous ne la connaissez pas... Il faut la voir les deux poings sur les hanches, se tordre de rire.

SUZANNE (gentiment).

Si vous lui apportiez ces fleurs, cela lui ferait plaisir, peut-être, c'était le bouquet que j'avais cueilli pour maman. Acceptez-le, monsieur le chasseur, puisque vous avez laissé vivre les parents de nos petits oiseaux.

LE CHASSEUR (les prenant par la main).

Alors, venez avec moi tous deux, et quand Catherine vous verra, il n'y a pas de cœur de vieille cuisinière qui tienne, elle écoutera l'histoire, elle prendra le bouquet, et elle vous offrira, en retour, un goûter de sa façon. Venez, en passant, nous confierons ce nid à un brave moissonneur.

ALAIN.

Nous acceptons, n'est-ce pas, Suzanne?

SUZANNE.

Oui, mais avant tout, nous irons avertir maman; elle nous croirait perdus et elle pleurerait.

LE CHASSEUR,

Je le crois, mes chers petits, car on l'a dit avec raison : *la maison sans enfants, c'est le nid sans oiseaux*.

(Ils se donnent la main et se dirigent vers les moissonneurs qui entonnent la seconde partie de leur chant.)

(*Chœur des Moissonneurs et des Moissonneuses.*)

(*La toile se baisse.*)

FIN DU DEUXIÈME ET DERNIER ACTE

LA LANTERNE MAGIQUE

COMÉDIE EN UN ACTE

PERSONNAGES

LOUISE, JULES, 8 à 9 ans. | JEAN, LOLOTTE, 5 et 6 ans.
LE PÈRE VINCENT, 12 ans.

Sur la scène un petit garçon et une petite fille, assis devant une table, très-occupés à dresser les personnages et les animaux de l'arche de Noé. Deux autres enfants plus âgés, à quelque distance, s'amuseront différemment; le petit garçon regardera un album d'images; la petite fille habillera une poupée.

SCÈNE PREMIÈRE

JULES, LOUISE, LOLOTTE, JEAN

JULES (jetant un coup d'œil vers les deux petits).

Ils ont de la chance de s'amuser, là-bas! Moi, ce livre m'assomme; je l'ai lu et relu, je le sais par cœur.

LOUISE.

Et les images, qui te plaisaient tant que tu ne voulais jamais nous les laisser regarder?

JULES.

Les images sont affreuses, maintenant. Tiens, vois, je ne mens pas, le rouge a déteint sur le bleu, on ne distingue plus les figures. Si tu crois que j'ai du plaisir à regarder ça!.

LOLOTTE (gentiment).

Qu'est-ce que tu as, Jules? Tu as l'air fâché.

JULES (se rapprochant).

Non, mais je dis que mon livre est vilain et je pense qu'il est bien temps que le nouvel An nous apporte d'autres étrennes, car celles de l'année dernière sont bonnes à mettre au rebut. Tiens, regarde ton pigeon plutôt?

LOLOTTE.

Mon pigeon! Pourquoi?

JEAN.

Ah! bon. Il a une patte cassée, il ne peut plus se tenir debout.

JULES.

Et ta vache donc, qui n'a plus de queue! Et Mme Noé qui a perdu un bras! (Riant.) Ah! ah! les pauvres éclopés, ils sont bons à mettre aux Invalides.

LOLOTTE (tristement).

Qu'est-ce que c'est que les Invalides? Si c'est quelque chose qui doit faire mal à mes pauvres petites bêtes, je ne veux pas.

LOUISE (s'approchant à son tour en riant).

Non, non, rassure-toi : les Invalides, c'est une grande maison, qui est à Paris, et où l'on met les militaires qui ont perdu un bras ou une jambe à la guerre. J'en ai même vu un, une fois, en me promenant, que l'on traînait dans une petite voiture, il avait les deux jambes coupées et il ne lui restait qu'un bras. Tu vois, Jules a raison, tes pauvres blessés pourraient aller aux Invalides.

JULES.

Et ta poupée, Louise? Tu disais qu'il n'y en avait pas de plus belle.

LOUISE.

Oh! je ne le dis plus. Elle m'ennuie rien qu'à la regarder. Ses couleurs sont parties, son nez est aplati, elle est laide à faire peur.

JULES.

Tu paraissais pourtant t'amuser beaucoup avec elle, tout à l'heure.

LOUISE.

Tu te trompes, c'est de l'habiller et la déshabiller qui m'amusait, et je me figurais tenir une autre poupée fraîche et jolie, celle que j'attends pour le nouvel An et que papa et maman me donneront, bien sûr; maintenant, il me tarde (frappant sur sa poupée) que cette vilaine-là soit remplacée.

LOLOTTE.

Tu me la donneras, ta vieille poupée, quand tu en auras une autre?

LOUISE.

Oui, tu l'auras, si ça te fait plaisir. (Regardant du côté de la fenêtre.) Oh! mais voyez donc, comme il neige; les jolis flocons blancs!...

(Tous les enfants courent à la fenêtre.)

JEAN.

C'est çà la neige! Ça ressemble à du sucre! Est-ce que c'est bon à manger?

JULES.

Oh! non, moi j'en ai goûté. On dirait de l'eau qu'on met dans la bouche; mais une eau froide, froide qui vous glace les dents.

LOLOTTE.

Il n'y a personne dans la rue. Ah! voilà un petit moineau; il a l'air tout transi. Et cet homme qui marche du côté de notre maison, avec quelque chose sur son dos.

LOUISE.

Je le reconnais à sa grande casquette. C'est le père Vincent, vous savez bien celui qui montre la lanterne magique et qui est venu à notre petite fête de l'année dernière?

JULES.

Ah! oui, tiens, je ne m'en souvenais plus. Mais Lolotte et Jean ne le connaissent pas; ils n'ont pas assisté à la représentation. On sonne, si c'était lui!

SCÈNE II

LES MÊMES, LE PÈRE VINCENT

(Ce dernier aura une grande redingote râpée, un parapluie de coton, une casquette de loutre, et portera sur son dos l'appareil de la lanterne magique).

LE PÈRE VINCENT (ôtant sa casquette).

Bonjour, bonjour, mes petits messieurs, mes petites demoiselles!

LES ENFANTS (l'entourant).

Bonjour, père Vincent!

JULES.

Vous avez votre lanterne magique? Quel bonheur! Vous allez nous la montrer?

PÈRE VINCENT.

Attendez, attendez. J'ai rencontré votre papa avec

votre maman du côté de la grande rue, où il y a les beaux magasins de jouets...

LOUISE (poussant le bras de son frère).

Je devine, ils allaient choisir nos étrennes.

PÈRE VINCENT.

Votre papa m'a dit qu'il aurait besoin de moi pour une petite représentation ces jours-ci; alors, il m'a permis d'entrer aujourd'hui pour vous montrer quelques-uns de mes verres nouveaux, et votre maman a ajouté : « Cela tombe bien justement, il fait si mauvais que les enfants n'ont pas pu sortir, ils s'ennuient à la maison. » (Regardant autour de lui.) Mais votre maman se trompe, je pense. Comment peut-on s'ennuyer avec de si beaux jouets?

JULES (d'un air de dédain).

Oh! n'appelez pas ça de beaux jouets, ce sont des *vieilleries* de l'année dernière.

LE PÈRE VINCENT.

Des *vieilleries*, mon Dieu! Ah! je connais des enfants qui seraient bien heureux avec ces *vieilleries-là*. Mais, suffit! je m'entends. D'ailleurs, cela ne me regarde pas. Tenez, si vous voulez, je vais vous montrer quelques-unes de mes petites drôleries à votre choix: *Polichinelle, le Prince au Long Nez, la Belle aux Cheveux d'Or, la Biche au Bois, l'Adroïte*

Princesse, Gracieuse et *Percinet*.... Choisissez? (Tout en faisant ses préparatifs, le père Vincent continuera de parler; on substituera, bien entendu, dans le choix des verres, telle autre histoire qu'on aura sous la main).

LES ENFANTS.

Montrez-nous tout ce que vous avez?

SCÈNE III

La scène est rendue obscure; la lanterne magique placée et allumée. Le père Vincent, debout, fera défiler ses verres. Les quatre enfants assis, deux par deux, sur les côtés, regarderont en se tenant de trois quarts, de façon à ne pas tourner entièrement le dos à l'auditoire.

LE PÈRE VINCENT (lira simplement ce qu'il y aura d'écrit sur le verre de l'histoire qu'on aura choisie et terminera ainsi) :

Voilà l'histoire finie! Je vais maintenant vous montrer ou plutôt vous annoncer, pour la prochaine fois, deux verres nouveaux que je vais faire peindre et qui vous intéresseront, j'en suis sûr.

LES ENFANTS.

Qu'est-ce qu'on y verra? Dites-le? Vous pouvez bien le dire aujourd'hui?

LE PÈRE VINCENT.

Vous voulez le savoir? Eh bien! Sur le premier, on verra des enfants entourés de jouets, avec un arche de Noé, une poupée, des albums d'images, etc., etc., qui pourtant, au lieu d'avoir l'air de s'amuser, auront une mine dédaigneuse et sembleront dire : « Fi! Nous n'en voulons plus. Ce sont des *vieilleries* de l'année dernière!...

JULES (étonné).

Tiens! tiens!

LOUISE.

Et sur l'autre verre, qu'y aura-t-il, père Vincent?

LE PÈRE VINCENT.

Sur l'autre, on verra de pauvres petits enfants qui se chaufferont les doigts au-dessus de l'âtre, dans une chambre presque nue. Le plus grand dira aux autres : « C'est aujourd'hui le jour de l'An; il y a des enfants bien heureux; on leur donne des jouets nouveaux; mais maman a déjà bien du mal à nous acheter du bois et du pain, alors, il ne faut pas penser aux jouets!... »

JULES (ému et vivement).

Père Vincent, l'histoire n'est pas finie. Il faut un troisième verre...

LE PÈRE VINCENT.

Bon! Et qu'y verra-t-on?

JULES.

On y verra des enfants qui auront l'air de demander quelque chose à leurs parents et voici ce qu'ils leur diront : « Nos jouets de l'année dernière sont encore bien bons. Donnez-nous l'argent que vous auriez employé à des jouets nouveaux et permettez-nous d'en faire ce que nous voudrons. »

LOUISE.

Je comprends ton idée, Jules. Père Vincent, il faudra un quatrième verre.

LE PÈRE VINCENT.

Très bien! Mademoiselle. Et qu'y verra-t-on?

LOUISE.

On y verra de petits enfants qui se sont privés de jouets nouveaux, et, avec l'argent que leur auront laissé leurs parents, ils ont acheté des étrennes aux petits voisins malheureux. Ils vont les leur porter, et la joie qu'ils ont procurée est leur plus douce récompense.

LE PÈRE VINCENT.

Mes petites demoiselles, mes petits messieurs, les quatre verres nouveaux seront prêts pour la prochaine fois. (Il enlève sa lanterne et soulève sa casquette.) C'est pour avoir l'honneur de vous saluer et de vous remercier.

LES ENFANTS (reprennent chacun leur jouet).

Ils sont encore jolis, tout de même!

JULES.

Il me tarde que papa et maman soient rentrés.

LOUISE.

Moi aussi! la lanterne magique nous a fait réfléchir.

JEAN.

C'était, nous, hein! Jules, ces enfants qui n'étaient pas contents.

LOLOTTE.

Et ce sera nous, ceux qui seront contents, maintenant. Moi d'abord, je veux bien, (se tournant naïvement vers son frère aîné) pourvu que Jules recolle la patte de mon pigeon!

(Ils saluent.)

(*La toile se baisse.*)

LE ROI DE LA FÈVE

COMÉDIE EN 3 ACTES

PERSONNAGES

La baronne YOLANDE, 12 ans.
BERTRAND, son fils, 8 ans.
ISAURE, sa fille, 7 ans.
BENOIT, majordome, 10 ans.
URSULE, femme de Benoît, 9 ans.
JACQUES, petit orphelin, 7 ans.
PETITS FIGURANTS ET FIGURANTES.

LE ROI DE LA FÈVE

PREMIER ACTE

La scène représente une pièce avec bahut, bibliothèque, un fauteuil à dossier élevé. Autant que possible mobilier moyen âge. Dame Yolande aura la coiffure élevée et le long voile d'Isabeau de Bavière. Fourrure au corsage, jupe longue avec aumônière au côté. Bertrand aura une blouse serrée à la taille, décolletée en carré, et longs cheveux. La mère sera assise dans un grand fauteuil et le petit garçon agenouillé à ses pieds, regardera les pages d'un gros missel qu'elle tiendra sur ses genoux.

SCÈNE PREMIÈRE

DAME YOLANDE, BERTRAND

BERTRAND (arrêtant la main de sa mère qui tourne un feuillet).

Attendez, maman, je n'ai pas bien vu la tête du beau chevalier qui est là. Voilà comme je veux être quand je serai grand.

DAME YOLANDE.

Oui, mais avant d'être chevalier, il faut être page, mon fils, et tu es trop petit encore même pour faire ce métier. Tournons le feuillet, maintenant. Eh bien! tu ne regardes plus ce livre que tu aimes tant; tu es distrait, à quoi penses-tu?

BERTRAND.

Je pense à l'histoire que vous m'avez racontée l'autre jour, maman, à cette jolie fête que l'on faisait chez votre père, le jour des Rois... Comme j'aurais voulu y être! Est-ce que cette fête pourra revenir encore?

DAME YOLANDE.

Elle revient tous les ans, mon ami, le 6 janvier, le jour de l'Epiphanie; on la célèbre en souvenir des trois rois mages qui sont venus adorer l'enfant Jésus après sa naissance.

SCÈNE II

LES MÊMES, ISAURE (costume du même genre que sa mère. Couleurs plus claires. Elle accourt avec une cage à la main).

Maman, Bertrand, regardez! Voyez ce qu'on m'a donné!

DAME YOLANDE.

Une cage! Un oiseau! D'où vient cela, Isaure?

BERTRAND (tournant autour de la cage).

Oh! qu'il est joli! C'est une petite tourterelle avec un collier noir.

ISAURE.

Maman, c'est Ursule, la femme du majordome, qui me l'a apportée pendant que je travaillais à ma tapisserie. Je suis bien contente, car, il y a déjà longtemps que je désirais une tourterelle... Elle m'a dit qu'elle l'avait eue d'une pauvre femme qui demeure dans le bourg et qui est bien malade. Ursule va, de temps en temps, lui porter quelques secours. Ce matin la pauvre femme lui a remis la tourterelle en disant qu'elle voudrait bien que cet oiseau pût faire plaisir à la petite demoiselle du château!

BERTRAND.

Elle sera bien un peu à moi aussi!

ISAURE.

Oh! tu sais bien que je partage tout avec toi, Bertrand! Nous la soignerons tous les deux.

DAME YOLANDE (continuant à feuilleter le livre).

Bertrand, je crois que pour aujourd'hui je peux fermer le missel. Tu n'a plus envie de regarder les pages enluminées, ni d'entendre raconter des histoires?

BERTRAND.

Si, si, mère chérie, il faudra nous en dire une ce soir, bien jolie? Mais, voyez, ce rayon de soleil qui perce à travers les vitraux de la fenêtre, il semble nous appeler, ? J'ai envie d'aller courir sur la terrasse avec Isaure, et puis, il faut bien que nous cherchions l'endroit où nous pourrons placer la cage de la colombe. Viens, Isaure. (Il fait mine d'entraîner sa sœur et revient.) Maman, est-ce que ce sera bientôt le jour de la fête des Rois?

ISAURE.

Ah! mais, c'est vrai, maman; je voulais vous en parler aussi.

DAME YOLANDE.

Elle est plus près de nous que vous ne le pensez, mes enfants. Nous la fêterons si je suis contentede vous, d'ici là! Allez à vos amusements et faites-moi venir notre majordome ou sa femme, j'ai à leur parler. (Les deux enfants embrassent leur mère et sortent.)

SCÈNE III

DAME YOLANDE, PUIS, BENOIT ET URSULE

DAME YOLANDE (seule, se levant et allant vers la fenêtre).

Il faut que je renouvelle, pour mes enfants, cette joli fête que mon père avait inaugurée pour moi. Ce sera une occasion, pour eux, d'exercer leurs sentiments généreux ; ce sera aussi un rayon de joie, une éclaircie, au milieu des jours sombres et tristes, qu'on passe dans ce manoir, quand le maître et seigneur n'y est pas. Pourquoi faut-il que les hommes soient toujours en guerre? Mes pauvres enfants ont à peine vu leur père, puisqu'il est parti le lendemain de la naissance d'Isaure. Quand reviendra-t-il? Dieu seul le sait : (Elle se retourne et aperçoit Benoît et Ursule.) Ah! c'est vous?

BENOIT (s'inclinant).

Mlle Isaure et M. Bertrand que j'ai rencontrés, sur la terrasse, nous ont dit que Mme la baronne désirait nous parler.

DAME YOLANDE.

Oui, Benoît. Voici de quoi il s'agit : la fête des Rois, qui tombe le 6 janvier, est très proche, nous sommes déjà au 28 décembre. Je désire, ce jour-là, réunir les enfants des familles auxquelles tu as porté un message il y a deux jours. Ce message était pour les inviter à se rendre au manoir afin de partager, avec Bertrand et Isaure, le gâteau des Rois. C'est toi, Ursule, que je charge de confectionner ce gâteau; il faut que tu retrouves la recette de celui que tu faisais, dans mon enfance, au château de mon père. Quant à toi, Benoît, je te prie de me découvrir s'il n'y aurait pas, dans le bourg, quelque enfant malheureux, orphelin peut-être, auquel je voudrais m'intéresser.

BENOIT.

Oh! Madame la baronne, quelle idée excellente! Mais si, j'en connais un; c'est Jacques, le joli petit Jacques dont ma femme me parle toujours, n'est-ce pas, Ursule?

LA BARONNE YOLANDE.

Quel est ce petit Jacques?

URSULE.

C'est l'enfant d'une pauvre veuve à laquelle je porte de temps en temps quelques secours. Il n'a plus de père, et bientôt on pourra dire qu'il est complètement orphelin, car, sa mère se meurt épuisée par la maladie et la misère. C'est lui, c'est cet enfant qui lui prépare ses tisanes, qui arrange son lit, qui la console... Et avec ça, ce petit est beau, charmant comme un enfant de grand seigneur!...

LA DAME YOLANDE.

Pourquoi donc ni toi, ni ton mari, ne m'en avez-vous jamais parlé?

URSULE.

Depuis le départ de notre maître, Madame la baronne était si triste!... Nous n'osions pas... Madame la baronne n'avait pas le cœur de penser à autre chose qu'à son chagrin.

BENOIT.

Ma femme dit bien. Voilà la raison, la véritable raison.

LA BARONNE YOLANDE.

Ma tristesse est grande, en effet, et de vieux serviteurs comme vous la devinent et la comprennent. Mais je ne dois pas oublier, qu'à l'âge de mes enfants, il faut du mouvement, de la gaieté, et surtout je dois me souvenir de ceux que le malheur accable, les soulager, si je puis. Préparez donc tout pour notre petite fête; toi, mon brave Benoît, fais en sorte de me ramener le plus possible de nos jeunes convives, ceux qui seront trop éloignés pour retourner le soir chez eux coucheront au manoir. Et toi, Ursule, rappelle ton jeune temps pour la confection du gâteau. Mes enfants me parlent sans cesse de cette fête des Rois qui se célébrait avec honneur chez mon père; je veux qu'ils en aient, comme moi, le souvenir, et surtout qu'ils y rattachent une bonne action.

BENOIT (saluant).

Oh! cela, Madame la baronne, ne peut que porter bonheur à notre bon maître.

URSULE.

Et le faire revenir plus tôt. (Elle s'incline et suit son mari qui sort.)

LA BARONNE YOLANDE (rouvrant son missel).

Dieu vous entende, braves serviteurs!

(*La toile se baisse.*)

FIN DU PREMIER ACTE

DEUXIÈME ACTE

La scène se passe sur une des terrasses du donjon.

On simulera la verdure avec des plantes, des arbustes.

Un ou deux bancs et quelques rustiques.

Sur une table, la cage de la tourterelle, plusieurs petites bannières de gaze bleue, ainsi que des bandes de papier doré préparées. Au lever du rideau, Isaure, debout, donnera à manger à son oiseau. Bertrand tiendra, à la main, un bilboquet avec equel il s'exercera à jouer.

SCÈNE PREMIÈRE

ISAURE, BERTRAND

BERTRAND (retournant son bilboquet après avoir essayé d'un côté sans réussir).

Que je suis maladroit ! Je ne peux pas réussir une seule fois du côté de la pointe, voyons de celui-ci?... Bon! je me suis jeté la boule sur les doigts! Isaure?...

ISAURE (se retournant).

Quoi donc? (Riant.) Est-ce que tu deviens fort a bilboquet?

BERTRAND (d'un air impatienté).

Non, ce jeu m'ennuie. Et toi, est-ce que tu t'amuses avec ta tourterelle?

ISAURE.

Mais, oui, regarde, elle est si jolie, si gracieuse. Elle vient prendre le grain dans ma main. Je l'ai apprivoisée tout de suite.

BERTRAND.

La tourterelle peut plaire à une petite fille, et moi, j'aime aussi à la regarder et à la soigner avec toi, parce que c'est l'oiseau de ma sœur, mais décidément, ce n'est pas celui que je rêve d'avoir, c'est trop doux, trop tranquille!

ISAURE.

Qu'est-ce que tu voudrais donc? Un perroquet?

BERTRAD.

Non, un faucon ! Quel plaisir ce doit être de le voir se lancer sur sa proie! Que je serais fier d'en tenir un, là, sur mon poing, (il lève le bras et ferme le poing) comme je l'ai vu faire à notre oncle quand il est venu nous voir! Tu te rappelles comme il était bien dressé son faucon?

ISAURE.

Oh! je sais. Moi aussi, j'aimerais bien à assister à une chasse au faucon; maman m'a dit que bien des châtelaines se livrent à ce plaisir ; seulement, nous sommes trop petits, toi et moi, pour qu'on nous permette de chasser ainsi. Mais, vois-tu, au lieu de penser à tout cela, tu devrais bien m'aider à coller le papier doré sur nos bannières; elles ne seront pas finies pour le jour où nos amis viendront au manoir.

BERTRAND.

Tiens! c'est une bonne idée, je vais étendre la colle sur les bandes de papier, toi, qui es plus adroite, tu les disposeras sur l'étoffe.

ISAURE (s'assied et prend sur ses genoux une bannière).

Regarde, nous allons d'abord finir de les border, comme ceci. (Elle pose une bande de papier doré, à cheval sur le bord de la bannière.)

BERTRAND.

Est-ce qu'elles vont servir à nos jeux, ces bannières?

ISAURE.

Eh! oui, tu ne sais pas, c'est Ursule qui les a taillées et coupées. Elles doivent figurer dans nos rondeaux, dans *la Tour prends garde,* ce jeu qui nous amuse tant. Je ne sais pas ce qu'on nous prépare encore pour ce jour-là; mais maman a fait sortir, de leurs coffres, nos costumes de gala; nous devons, paraît-il, recevoir nos amis en grande cérémonie.

BERTRAND.

J'ai remarqué que notre vieille Ursule est bien souvent dans les cuisines; elle qui disait toujours que le feu lui faisait mal à la tête, depuis deux jours, elle ne fait plus autre chose que de gourmander les marmitons.

SCÈNE II

LES MÊMES, BENOIT

BENOIT (arrivant sans voir les enfants, se parlant à lui-même).

Il ne manque plus que deux réponses aux messages de Mme la baronne. Ils arriveront ce soir ou demain, j'espère?... (Il se retourne et s'arrête en se grattant l'oreille.) Ah!...

BERTRAND.

Qu'est-ce que tu as, Benoît, on dirait que tu es effrayé de nous voir?...

ISAURE.

Que disais-tu donc, là? Tu parlais tout seul?

BENOIT.

Moi? Vous croyez? Oh! c'est une vieille habitude! Quand j'étais écuyer de votre grand'père, le noble seigneur de Trois-Fontaines,—que Dieu ait son âme! —cela m'arrivait aussi quelquefois, je m'en souviens.

ISAURE.

Tu te rappelles bien ce temps-là, Benoît?

BENOIT.

Oh! oui, mademoiselle. Je me rappelle aussi le jour où votre mère, la baronne Yolande est venue au monde et le jour de son mariage avec le baron votre père. Ah! j'ai vu de grands événements dans la famille!...

ISAURE (se rapprochant).

Benoît, parle-nous encore de notre père? Dis-nous, lequel de nous deux lui ressemble?

BENOIT (attendri).

Mademoiselle Isaure, vous avez sûrement ses cheveux et ses yeux, et M. Bertrand a tout à fait sa tournure. En regardant votre frère, je crois le revoir, quand il avait son âge, et qu'il venait, tout petit, au château de votre grand-père maternel. Mais je m'oublie à parler, mademoiselle, il faut que...

ISAURE.

Il faut que quoi, Benoît? Reste ici, avec nous; nous aimons à t'entendre raconter tes souvenirs d'autrefois. Tu vois, Bertrand ne pense plus à ses jeux, et moi j'ai oublié ma tourterelle en t'écoutant.

BENOIT.

C'est égal, Mademoiselle, le soleil est caché, la rosée va venir, mes jeunes maîtres feront bien de rentrer. Mme la baronne serait désolée si vous vous enrhumiez.

BERTRAND.

Je crois, Isaure, que tu devrais aussi emporter ta

tourterelle et ne pas lui laisser passer la nuit sur la terrasse.

ISAURE.

Tu as raison. Emportons tout. Benoît, aide-nous. Voilà les bannières terminées. Tu pourras les remettre à ta femme.

BENOIT.

Oui, je sais, cela me regarde. C'est moi qui dois les terminer en les attachant à un petit bâton.

BERTRAND.

Que vas-tu faire, Isaure?

ISAURE.

Rejoindre maman; elle a dit que ce soir elle nous ferait essayer nos costumes qu'on a rallongés, car, nous avons grandi depuis l'année dernière. (Elle se dresse sur la pointe des pieds). Viens! (Elle l'entraîne.)

BENOIT (les regardant partir).

Les charmants enfants! Ah! je me sens tout ragaillardi de penser que jeudi ils vont rire et sauter. (Hochant la tête), Le château n'est pas gai pour eux, mais pas du tout! Allons vite allumer les lanternes! Je suis en retard, ma femme va encore me gronder!

(La toile se baisse.)

FIN DU DEUXIÈME ACTE

TROISIÈME ACTE

La scène se passe au château. Pièce meublée comme dans le premier acte. Sur un des côtés, une table carrée, sur laquelle un couvert de huit ou dix convives sera mis.

Des fruits confits, des confitures, des bonbons garniront des coupes sur la table. Au milieu un immense gâteau en forme de tour sur lequel sera plantée une petite bannière bleue.

SCÈNE PREMIÈRE

LA BARONNE YOLANDE, ISAURE, BERTRAND, PETITS GARÇONS ET PETITES FILLES (Ces derniers auront des costumes variés, dans le genre de ceux d'Isaure et de Bertrand, mais de couleur différente autant que possible. Au lever du rideau les enfants seront en train de finir un rondeau et se tiendront tous par la main.

LA BARONNE YOLANDE (rajustant la coiffure d'une des petites filles et faisant un signe de la main).

Vous êtes bien essoufflés, mes enfants; reposez-vous, un instant, voyons. Il faut faire autre chose que des rondeaux, maintenant.

UN PETIT GARÇON.

Oh! oui, madame. A quoi allons-nous jouer?

UNE PETITE FILLE.

A la queue leu leu!

UN PETIT GARÇON.

A Collin-Maillard !

ISAURE.

Non, non, jouons à *la Tour prends garde.*

BERTRAND.

Essayons ce jeu, comme il se faisait du temps où maman était petite. Les chevaliers, qui devaient prendre la Tour, portaient des bannières, celui qui pouvait l'abattre avait seul le droit d'y planter sa bannière. Alors, à son tour, il devenait le roi, et l'on recommençait.

ISAURE (retournant vers sa mère qui s'est assise).

Ce devait être très joli ! C'est bien comme cela que vous nous l'avez expliqué, n'est-ce pas, maman?

LA BARONNE YOLANDE.

Oui, ma fille, c'est bien cela; mais tes petits amis comprendront mieux en vous voyant faire. Où sont les bannières?

BERTRAND (allant à un bahut).

Ici, dans le bahut, maman; c'est Ursule qui les y a placées hier soir. Les voici ! (Il les déploie.) Voyez ! Voyez ! Maintenant, écoutez-moi : Isaure fera la tour, elle va se mettre dans ce fauteuil. Qui choisis-tu pour tes gardes et pour tes pages, Isaure?

ISAURE (appelant).

Guy et Blanche seront mes gardes, Jean et Iseult seront mes pages. (Les enfants se groupent autour d'Isaure.)

BERTRAND.

Alors toi, Charles, tu seras le grand duc de Bourbon; je conduirai les autres; nous porterons tous une bannière bleue, aux couleurs du roi. Plaçons-nous! Prenez vos bannières et commençons. (Il prend sa bannière et tourne en chantant autour de la Tour.

LA BARONNE YOLANDE (suivant les mouvements des enfants).

(A part.) Comme ils sont gais, heureux! Ils font plaisir à regarder. Laissons-les un instant, et voyons si mon petit protégé est retrouvé? (Elle sort.)

BERTRAND (chantant).

Air populaire.

La tour prends garde (*bis*)
De te laisser abattre.

ISAURE.

Nous n'avons garde (*bis*)
De nous laisser abattre.

BERTRAND.

J'irai m'en plaindre (*bis*)
Au grand duc de Bourbon.

ISAURE.

Va-t-en te plaindre, (*bis*)
Au grand duc de Bourbon.

BERTRAND (se jetant aux pieds du duc).

Mon duc, mon prince, (*bis*)
Je tombe à vos genoux.

CHARLES.

Beau capitaine, (*bis*)
Que me demandez-vous?

BERTRAND.

Un de vos gardes, (*bis*)
Pour abattre la tour.

CHARLES (il désigne un des gardes).

Allez, mon garde, (*bis*)
Pour abattre la tour.

Le garde portant sa bannière suit Bertrand et tous deux reprennent ensemble : « La tour prends garde, etc., etc. » Le jeu se prolongera autant qu'on voudra.

SCENE II

LES MÊMES, URSULE, JACQUES

URSULE (amenant par la main le petit orphelin Jacques et s'approchant de la baronne, lui parle à mi-voix).

Oui, Madame la baronne, je désespérais de le retrouver, car, depuis quelques jours, il avait quitté le bourg. (Elle joint les mains.) Pauvre enfant! Sa mère est morte!

LA BARONNE YOLANDE (posant sa main sur la tête de l'enfant).

Pauvre petit! (L'enfant se cache la figure dans ses mains et pleure.) Regarde-moi, mon enfant, n'aie pas peur!

BERTRAND (suivi de plusieurs enfants, se rapproche).

Qu'est-ce qu'il y a, maman? Quel est ce petit garçon?

ISAURE (suivie des autres enfants).

Ursule, qu'arrive-t-il? (Tous les enfants entourent le petit Jacques.) Pourquoi pleure donc ce pauvre enfant?

LA BARONNE YOLANDE (à l'enfant).

Comment t'appelles-tu, mon ami?

JACQUES (timidement).

Jacques, Madame!

LA BARONNE YOLANDE.

Tu connais Ursule que voilà, n'est-ce pas?

JACQUES.

Oh! oui, elle venait souvent nous voir pendant que maman était si malade.

LA BARONNE YOLANDE.

Où l'a-t-on retrouvé, Ursule?

URSULE.

Oh! Madame, tout près du petit bois de l'Abbaye, déjà bien loin du bourg!...

LA BARONNE YOLANDE.

Que pensais-tu faire, mon enfant, en t'en allant ainsi tout seul?

JACQUES.

Oh! j'espérais mourir bien vite, Madame, puisque maman est morte! Je pensais que le bon Dieu ne pouvait pas laisser longtemps sur la terre un enfant sans mère.

DAME YOLANDE.

Qu'il est charmant et intéressant! Prends courage, pauvre petit! Isaure, où donc as-tu placé la cage de la tourterelle?

ISAURE (elle l'apporte).

La voici, maman; elle était cachée par le bahut.

DAME YOLANDE.

Reconnais-tu cet oiseau, Jacques?

JACQUES (la regarde avec émotion).

Oh! c'était la tourterelle de maman! Voilà son collier noir, oui, c'est elle!

DAME YOLANDE.

C'est ta mère qui l'avait fait envoyer à ma fille

par cette bonne Ursule qui elle allait la visiter. Tu vois, c'est déjà une petite amie que tu retrouves ici...

JACQUES (joignant les mains).

La tourterelle de maman! Pauvre mère! Elle m'avait dit, je m'en souviens, qu'elle l'avait envoyée au château, depuis, je n'y avais jamais pensé!

SCÈNE III

LES MÊMES, BENOIT

BENOIT (à Ursule).

Ursule! Il est plus que l'heure de se mettre à table; la crème fouettée ne vaudra plus rien tout à l'heure.

LA BARONNE YOLANDE.

Tu viens nous donner le signal du goûter, Benoît; tu as raison. A table, mes enfants! Que chacun de vous prenne sa place. (Elle prend la main de Jacques.) Toi, petit, je te mets à côté de moi. (Elle se place au bout de la table, les enfants à la suite. Benoît et Ursule attachent les serviettes au cou des enfants et font circuler les assiettes.)

DAME YOLANDE.

N'oublions pas, mes enfants, que c'est aujourd'hui le jour des Rois. J'ai voulu célébrer cette fête, comme on le faisait, chez mon père, lorsque j'avais votre âge, afin qu'Isaure et Bertrand en conservent le souvenir que j'ai gardé moi-même. Benoît, coupe le gâteau et passe-moi le morceau qui contiendra la fève.

UN ENFANT.

Qui sera le roi?

DAME YOLANDE.

Le roi de la fève, mes enfants, est celui à qui l'on veut faire honneur; vous le choisirez, vous-même, en lui remettant ce morceau dans lequel la fève est cachée. Tiens, Isaure. (Elle le lui tend sur une assiette.) Porte-le à celui qui va être désigné. A qui, voyons? Nommez-le?

TOUS LES ENFANTS.

A Jacques! A Jacques!

ISAURE (le lui offrant).

Vive le roi! Vive le roi de la fève!

DAME YOLANDE.

A la bonne heure, mes enfants; votre cœur vous a inspirés. Maintenant, le roi de la fève nous appartient; nous l'avons adopté par la petite cérémonie d'aujourd'hui. Nous le ferons élever, instruire, nous lui paierons ses mois d'écolage; il deviendra plus tard peut-être un savant clerc et il oubliera ses jours de misère.

URSULE.

Ah! si seulement notre seigneur et maître était ici, à jouir de ces choses qui le rendraient si heureux, au lieu d'être toujours à se battre et à guerroyer!

DAME YOLANDE.

Tu dis vrai, Ursule; mais, mon cher seigneur est à son devoir. Quant à moi, je n'oublierai plus, en son absence, que j'en ai de bien doux à remplir ici! Tendez vos verres, mes enfants, buvons à la santé du roi de la fève!

JACQUES (se levant avec enthousiasme) :

Le petit roi ne sera pas ingrat; il grandira pour vous aimer et pour vous servir.

(Tous les enfants saluent le verre à la main).

(*La toile se baisse.*)

FIN DU TROISIÈME ET DERNIER ACTE

UNE ÉCOLE DE POUPÉES

PERSONNAGES

M. POUPONNET, maître d'école, 7 ans.
Mme POUPONNET, maîtresse d'école, 6 ans.
POUPÉES, élèves figurantes,

La scène représentera une chambre avec un petit tableau noir devant laquel se trouvera un groupe de poupées assises sur un banc. Sur le même plan, des poupées, assises devant une table, un crayon attaché à la main, penchées en avant, auront l'air d'écrire. M. Pouponnet, avec le veston et le chapeau de son père, les lunettes sur le nez, une baguette à la main, se tiendra debout devant le tableau noir. Mme Pouponnet, assise un peu plus loin, avec une poupée sur les genoux, lui montrera les lettres dans un alphabet.

SCÈNE PREMIÈRE

M. POUPONNET (achevant sa démonstration.)

Voyons, mesdemoiselles, je répète : Deux et deux font?... Répondez?... Vous ne savez pas?... Voilà

(Il montre ses doigts.) Deux doigts avec deux doigts, cela fait combien de doigts? Vous êtes devenues bien silencieuses, vraiment! Dieu sait pourtant si vos langues marchent quand nous ne sommes pas à la leçon! Puisque vous vous entêtez de la sorte, je vous laisse... Prenez votre livre d'arithmétique et faites-moi trois problèmes, en suivant, pour la prochaine leçon... (Il pose sa baguette, prend un porte-plume qu'il place sur l'oreille, et se dirige vers la porte.) Ah! quelle patience! Quelle patience il faut avec les enfants! Madame Pouponnét, je vous confie la surveillance en mon absence. (Il sort.)

SCÈNE II

Mme Pouponnet (s'avançant, en tenant par la main, sa petite élève; elle s'assied sur le devant de la scène et la prend sur ses genoux).

Voyons, ma petite Marie, essayons de faire un *a* ensemble. Prenez bien votre crayon... Là, allongez les doigts, je vous tiens la main. C'est bien! Voilà un *a* qui a très bonne tournure. Essayons maintenant un *b*. Mais pourquoi votre main s'agite-t-elle tout-a-coup? Voilà notre lettre manquée... Il faut recommencer. Bon! qu'est-ce que c'est que ce bruit? (Elle regarde les autres poupées.) Mesdemoiselles vous vous dissipez... Vous profitez de l'absence de votre maître. Je vais aller voir ce que vous faites. (Elle assied son élève sur une petite chaise avec l'ardoise sur les genoux.) Restez là, ma petite Marie, tâchez d'imiter le premier *a* que nous avons fait ensemble. (Elle se rapproche de la table des plus grandes élèves.) Oh! mon Dieu, voila l'encrier renversé! Jeanne et Suzanne, les deux plus grandes, vous devriez pourtant donner l'exemple! Vous riez, vous ne m'écoutez pas! (A part.) Oh! que les pauvres maîtres sont à plaindre! Venez ici, mesdemoiselles! (Les enfants s'approchent.) Vous m'obligez à vous mettre le bonnet d'âne. (Elle leur pose sur la tête un bonnet de papier en forme de cornet.) Là, allez, maintenant, vous tenir debout dans le coin de la salle. (Elle les place elle-même dans l'endroit indiqué.)

SCÈNE III

Les mêmes, M. Pouponnet (il tient à la main un petit oiseau empaillé.

M. Pouponnet.

Ah! je suis très content, voyez, mes enfants! Je viens de me procurer ce charmant petit oiseau, il nous servira pour nos leçons. Je vous expliquerai son histoire, ses habitudes. Je vous dirai ses petits défauts, car, il en a, et ses qualités. (Se retournant.) Eh! quoi? Jeanne et Suzanne sont punies? (Levant le doigt.) Et moi qui comptais que mes grandes élèves allaient me procurer quelque surprise agréable : un devoir bien fait, un problème juste! Au lieu de cela, elles ont profité de mon absence pour babiller, désobéir et se faire punir. (Il pose son oiseau.) Ah! c'est décourageant! Je suis las de gronder, de me fâcher.

Mme POUPONNET (s'avançant).

(A part.) Rien ne fait mal au cœur comme de punir des enfants qu'on aime et qu'on voudrait toujours récompenser, c'est désolant! Monsieur Pouponnet?

M. POUPONNET.

Madame Pouponnet? Que désirez-vous?

Mme POUPONNET.

Je ne suis plus Mme Pouponnet. Je ne veux plus d'école, ni d'élèves, c'est fini. Moi, qui croyais que c'était amusant d'être maîtresse de classe!

M. POUPONNET.

Eh bien! je suis comme toi, ma sœur, j'en ai assez de ce métier, et je commence à comprendre que nos maîtres ont une tâche difficile à remplir.

Mme POUPONNET (montrant les poupées).

Oui, n'est-ce pas, car les élèves vivants sont encore plus terribles que nos élèves pour rire. (Il saluent en se donnant la main.)

(La toile se baisse.)

LA PETITE CANTINIÈRE

COMÉDIE EN 2 ACTES

PERSONNAGES

DENISE, cantinière, 7 ans.
Le sergent **FLAMBERGEOIS**, 12 ans.
ROSSIGNOLET, petit tambour, 6 ans.
BENOIT, vieux paysan, 12 ans.
URSULE, vieille paysanne, 10 ans.
PAYSANS ET PAYSANNES, figurants.

LA PETITE CANTINIÈRE

PREMIER ACTE

La scène représente l'intérieur d'une cantine : Sur le devant, une enseigne avec le mot *cantine,* surmonté d'un petit faisceau de drapeaux. Cette enseigne sera soutenue, sur les côtés, soit, par deux paravents, soit, par deux montants en bois. Des pains de munition, un petit baril sur le comptoir, quelques tableaux militaires accrochés au mur. Rossignolet, debout, dans un coin, s'exercera à battre du tambour. Costumes militaires du premier Empire : Longues guêtres noires, bonnets à poils. Au premier acte, tous les personnages, y compris la cantinière, auront le bonnet de police.

SCÈNE PREMIÈRE

ROSSIGNOLET (battant du tambour).

Rataplan, rataplan, rataplan, plan, plan. Je crois que j'y suis! (Il recommence.) Ça, c'est le rappel! C'est difficile à attraper! Mais aussi, il n'y a que quinze jours que je suis tambour et je ne peux pas encore réussir comme un ancien. (Il recommence.) Rataplan, rataplan, rataplan! plan, plan. C'est de mieux en mieux. Je crois que je ferai mon chemin, comme dit le sergent Flambergeois!

SCÈNE II

LE MÊME, LE SERGENT FLAMBERGEOIS

FLAMBERGEOIS.

Qui parle du sergent Flambergeois?

ROSSIGNOLET (faisant le salut militaire).

Excusez, sergent, c'est moi...

FLAMBERGEOIS (lui frappant sur la joue).

Ah! ah! c'est toi, Rossignolet! Tu t'exerces au tambour, à ce que je vois. C'est bien, ça; tu feras ton chemin, mon garçon... Le petit tambour peut devenir tambour-major, à condition que la taille pousse avec la science, je m'entends!... Allons, continue, je vais t'apprendre maintenant comment on cire une paire de bottes; ce sont les bottes du colonel. (Il prend une botte et commence à brosser.) Quand j'ai débuté au régiment et que j'étais un blanc-bec comme toi, c'est moi qui cirais toutes les bottes du colonel... C'était mon service! Il en avait six paires... il y avait de quoi faire, je t'assure. Aujourd'hui, je me suis réservé les grandes bottes d'ordonnance, parce qu'il n'y a que moi, comme dit mon colonel, pour leur donner le fameux coup qui les fait flamber au soleil. Tout sergent que je suis, tu vois, je ne rougis pas de tenir une brosse. (Il frotte à tour de bras.) Ah! dame! c'est que notre colonel, on l'aime, hein! Tu en sais quelque chose, toi? C'est un père pour le régiment. (Il s'arrête un instant et regarde Rossignolet.) Eh bien, il est donc muet ton tambour à présent?

ROSSIGNOLET (faisant le salut militaire).

Excusez, sergent! mais vous parliez, je n'ai pas voulu vous interrompre.

FLAMBERGEOIS.

Çà, c'est pour me faire entendre, en douceur, que je suis un bavard.

ROSSIGNOLET.

Oh! sergent, j'ai trop de respect pour mon supérieur...

FLAMBERGEOIS.

Suffit! suffit! mon garçon... (On entend chanter dans les coulisses : « Il était un petit homme qui s'appelait Guilleri, carabi, etc., etc.)

SCÈNE III

LES MÊMES, LA CANTINIÈRE DENISE

LA CANTINIÈRE (Elle continue en arrivant sur la scène) :

« Il allait à la chasse, à la chasse aux perdrix,
Carabi. »

(Elle s'arrête devant le sergent, et fait le salut militaire.)

Ah! pardon, sergent, je ne vous savais pas là!

LE SERGENT.

Il n'y a pas de mal, mon enfant... Toujours fraîche et jolie, notre cantinière!... et gaie comme un rossignol!...

LA CANTINIÈRE (le poing sur la hanche).

Dites donc, vous ne savez pas, sergent? Toi non plus, tu ne sais rien, Rossignolet?... La grande nouvelle!...

LE SERGENT.

Quoi donc?

ROSSIGNOLET.

Vous avez retrouvé votre famille, mamz'elle Denise?

LA CANTINIÈRE (levant les yeux au ciel).

Oh! ça, je ne l'espère plus! Ça n'arrivera jamais...
(Elle reste songeuse.)

FLAMBERGEOIS.

Indiscret! Tu vois bien que tu lui fais de la peine. La voilà toute triste, maintenant!

LA CANTINIÈRE.

Non, non, ce n'est rien. Ne le grondez pas... Enfin, vous ne devinez pas... ce que j'ai à vous dire? Nous partons, mes amis, nous allons rejoindre les troupes qui ont déjà passé la frontière.

LE SERGENT (écarquillant les yeux).

Ah! bah!

LA CANTINIÈRE.

C'est comme je vous le dis, sergent Flambergeois. Tout à l'heure, comme je traversais la cour de la caserne, le gros major l'expliquait à un capitaine; il m'a même appelée et m'a dit : « Fais tes provisions, petite; nous allons nous mettre en route. » Alors je lui ai demandé : « Pour aller où, Monsieur le Major? » Et il m'a répondu : « A la gloire! »

LE SERGENT.

Voilà qui est bien parlé! mille canons!

LA CANTINIÈRE.

C'est étonnant comme je suis contente de changer de place. C'est vrai que je n'ai pas de pays, moi, pas de famille, puisqu'on m'a trouvée sur les grands chemins. C'est vous qui m'avez conté ça, sergent? Est-ce vrai?

LE SERGENT.

C'est vrai, tout ce qu'il y a de plus vrai! Le régiment passait, il y a de cela seize ans, du côté où l'on va nous envoyer encore; on s'était battu les derniers jours, beaucoup de troupes avaient passé par là, et c'est moi, qui n'étais alors que simple caporal, qui t'ai ramassée sous un buisson. Ah! dame, tu n'avais pas l'air crâne comme aujourd'hui avec ton petit baril sur le côté. Je t'ai portée au colonel.

DENISE.

Et depuis ce temps-là?...

LE SERGENT.

Depuis ce temps-là, tu as été adoptée par le régiment... Un régiment, ça vaut bien une famille!... Non?...

DENISE (émue).

Si, si, sergent!... Vous êtes tous si bons pour moi...

LE SERGENT.

Alors, pas de chagrin, mon enfant. Verse-moi un peu de ton petit bleu, j'ai le gosier desséché. Tiens, Rossignolet, prends un verre et trinque avec moi.

ROSSIGNOLET.

C'est bien de l'honneur, sergent.

DENISE (versant à boire).

Dépêchez-vous, maintenant, car, j'y songe, j'ai mille choses à préparer avant de partir.

LE SERGENT (levant son verre).

A ta santé, alors, et à notre prochain voyage! (Ils boivent.)

(*La toile se baisse.*)

FIN DU PREMIER ACTE

DEUXIÈME ACTE

La scène représente l'intérieur d'une ferme. Sur la cheminée, un peu élevée, au milieu des grands chandeliers de cuivre, le portrait d'un militaire jeune, costume des grenadiers du premier Empire, avec le bonnet à poils. Grande table. Pétrin dans un coin. Crédence avec des assiettes à fleurs rouges et bleues. Une grande horloge, dans sa boîte, près de la cheminée. Benoît, les jambes croisées, au coin de la cheminée, fumant une longue pipe. Costume de paysan alsacien : gilet rouge, culotte courte, gros bas bleus, veste courte, bonnet de loutre.

SCÈNE PREMIÈRE

BENOIT. (Il tire des bouffées de fumée et regarde de temps en temps l'horloge).

Elle est bien longue à revenir, ma pauvre vieille. (Il se lève.) C'est que c'est jour de marché, aujourd'hui; on a dû trouver des connaissances et alors on jase... Les femmes sont si bavardes!... (Il secoue ses jambes l'une après l'autre.) Aïe! Aïe! J'ai les jambes engourdies!... Ces maudits rhumatismes! Je les sens toujours prêts à revenir! (Il essaie quelques pas.) C'est comme l'ennemi, ça! Toujours disposé à passer la frontière si on n'y prenait garde.

SCÈNE II

BENOIT, URSULE

URSULE (ouvrant la porte et parlant à quelqu'un au dehors).

Merci, Madame Jeanmaire. J'irai vous voir demain et je vous apporterai ma recette de beignets. Au revoir!... (Elle entre avec un panier au bras, rempli de provisions, qu'elle étale en parlant : des fromages, quelques replants de fleurs, un morceau d'étoffe rouge, un autre à rayures bleues, de gros gants de fourrure, etc., etc.) Ah! mon pauvre Benoît, tu as dû trouver le temps bien long? Il y avait un monde à ce marché! Mais, ma foi, j'y ai fait d'excellentes affaires. Tiens, (elle montre l'étoffe rouge) un coupon pour te faire un gilet neuf. Je l'ai eu pour rien, mon ami. Un franc cinquante! C'est donné, ma parole d'honneur. (Elle montre l'autre étoffe.) Et voilà de quoi me faire un jupon, j'en avais besoin...

BENOIT (qui s'est approché regarde les pieds de replants).

Très bien, très bien, ma femme! Je vois que tu n'as pas oublié notre jardinet... C'est toute ma joie de le soigner, de voir pousser ces fleurs... (Montrant le portrait de la cheminée. Avec un soupir.) Il les aimait tant, lui!...

URSULE. (Elle reste un instant pensive).

Tu ne sais pas, Benoît, tout à l'heure, j'ai été bien étonnée et Mme Jeanmaire qui était avec moi, aussi : en passant devant la cour de la Mairie, nous avons aperçu beaucoup de soldats!... Cela m'a donné une émotion!... Qu'est-ce que ça veut dire?...

BENOIT.

Des soldats! Ah! mais ce doit être un passage de troupes... J'ai entendu dire qu'on allait en envoyer de nos côtés... Tout l'hiver les journaux ont parlé d'événements pour le printemps... (Il marche de long en large.) Tout cela me fait songer. (Il s'approche d'Ursule.) Ma femme, est-ce qu'ils ont l'uniforme des grenadiers? (Il montre le portrait.) Celui-là?

URSULE.

Oui, oui, les guêtres noires, le pantalon rayé, j'ai bien remarqué ça.

BENOIT.

Nous allons en avoir à loger, c'est sûr!

URSULE.

Tu crois? Pauvres gens! Oh! nous leur ferons fête!

SCÈNE III

LES MÊMES, ROSSIGNOLET

ROSSIGNOLET (entr'ouvrant la porte avec précaution. Il s'arrête et fait le salut militaire).

Ah! pardon! Excusez, Madame et Monsieur! Mon sergent et moi, nous cherchons la ferme des *Trois-Sapins*...

BENOIT.

C'est ici, mon ami, ici même.

ROSSIGNOLET.

Je le pensais un peu, car, ça a bien l'air d'une ferme chez vous et je n'en ai pas vu d'autres... Mais là, ce qui me déroutait, c'est que je cherchais les trois sapins autour de moi, et, ma foi! pas plus de sapins que sur ma main.

URSULE.

Oh! ils existaient du temps de mon grand père; depuis, ils ont été abattus, mais le nom est resté.

ROSSIGNOLET (faisant le salut militaire).

Très bien, c'est compris! (Présentant une feuille de papier.) Voilà notre billet de logement.

BENOIT.

Bien, mon garçon, vous êtes plusieurs?

ROSSIGNOLET.

Oui, nous sommes trois, et, sans nous vanter, vous allez loger la crème du régiment! Je ne parle pas de moi, mais des autres... (Il rit.) Laissez-moi aller les chercher. (Il va vers la porte.)

BENOIT (à sa femme).

Est-il gentil celui-là!

SCÈNE IV

LES MÊMES, LE SERGENT FLAMBERGEOIS, DENISE.

ROSSIGNOLET (Il s'arrête au moment où la porte s'ouvre).

Les voilà! Ce sont eux! Madame et Monsieur, j'ai l'honneur de vous présenter le sergent Flambergeois, Mamz'elle Denise, la cantinière, et votre serviteur, Rossignolet, petit tambour.

LE SERGENT. (Le sergent et la cantinière font le salut militaire).

BENOIT.

Vous êtes les bienvenus, mes amis!

URSULE. (Regardant la cantinière. A part).

Oh! mon Dieu! Où donc ai-je déjà vu ce visage-là?

BENOIT.

Ma femme, il faudrait faire rafraîchir ces braves gens.

LE SERGENT.

Merci, mon bourgeois, ce n'est pas de refus. Avec la poussière et ce diable de soleil, on a le gosier desséché.

URSULE (prenant un plateau avec des grands verres. Elle verse de la bière dans chacun et présente le plateau).

Ceci n'est qu'en attendant, n'est-ce pas? Vous allez tout à l'heure vous mettre à table avec nous; mon mari et moi nous vous invitons à partager notre repas.

BENOIT.

C'est ça! bien dit, ma femme, l'omelette au lard, pour commencer, et la galette au dessert.

LE SERGENT.

En vérité, c'est bien de l'honneur... (Il met la main sur son cœur en s'inclinant.) Nous acceptons avec reconnaissance.

ROSSIGNOLET (à Ursule).

Pourrais-je, madame, vous être utile à quelque chose? Ma mère disait toujours que j'étais né pour le ménage; et, au régiment, il n'y a pas mon pareil pour éplucher une salade, l'assaisonner et... la manger... N'est-ce pas, sergent?

LE SERGENT (étendant la main).

C'est vrai, mon garçon, tout ce qu'il y a de plus vrai! (Pendant cette scène, Denise s'est débarrassée de son petit baril, elle aide Ursule à remettre les verres en place.)

URSULE (riant et prenant un paquet de salade qu'elle donne à Rossignolet).

Alors, voilà! Je vous confie ma salade. Ah! il vous faut un tablier. (Elle va ouvrir l'armoire et lui donne un tablier.)

ROSSIGNOLET (mettant le tablier).

C'est bien! Tout à l'heure, vous m'en direz des nouvelles. Quant à mam'zelle Denise qui reste là, sans rien faire, je dois vous prévenir qu'elle est bonne à tout... Elle peut cuire le dîner, préparer le dessert, le punch... s'il y en a... et encore soigner les malades, s'il y en a!...

DENISE (l'arrêtant).

Rossignolet!...

URSULE (avec bonté).

Mademoiselle est trop fatiguée pour que je lui demande autre chose que de rester assise et de se reposer.

DENISE (vivement).

Moi fatiguée! Oh! non, Madame! Je n'ai besoin que d'une chose, c'est de secouer la poussière dont je suis couverte, et puis, je suis à vos ordres. Si vous voulez, je mettrai le couvert?

URSULE.

Ah! mais je veux bien, puisque vous me l'offrez si gentiment. (Elle va à l'armoire et en sort du linge.) Voilà la nappe, les serviettes. Les assiettes sont là, dans la crédence.

DENISE.

Je reviens à l'instant. (Elle sort.)

BENOIT (tendant au sergent une grande pipe qu'il est allé décrocher au mur).

Et vous, mon brave, vous me tiendrez compagnie si le cœur vous en dit?... (Il tend sa pipe pour allumer l'autre.)

LE SERGENT (prenant la pipe qu'il fait mine d'allumer).

Avec plaisir! avec plaisir, comment donc? (Ils vont s'asseoir tous deux au coin de la cheminée. Pendant ce temps, un peu en avant de la scène, Rossignolet épluche sa salade.)

URSULE (mettant de l'ordre dans tous les objets qu'elle a apportés du marché).

Là, voilà! (A part.) Ils sont tous occupés, je vais faire un tour à la cuisine. C'est étonnant comme cette jeune cantinière me rappelle... (Elle se touche le front.) Mais oui, elle a les yeux, les mêmes yeux, brillants et doux!... comme mon fils!... c'était ce visage-là, à seize ans! Avant qu'il n'ait ses grosses moustaches!... (Elle s'arrête près de la porte.) Non, vraiment, je suis folle! (Elle sort.)

LE SERGENT (regardant sa pipe).

Voilà une belle pipe, mon bourgeois! Peinture de Saxe!... ancienne!... Je m'y connais! Elle a dû coûter cher?

BENOIT.

C'est un cadeau, ou plutôt c'est un souvenir de mon capitaine, quand j'étais au service.

LE SERGENT.

Ah! vous avez été militaire? Je me disais bien: L'ancien a l'air d'un vieux de la vieille... Je m'y connais!... (Il montre le portrait.) Alors, c'est sans doute votre portrait, quand vous étiez jeune?...

BENOIT.

Non, c'est celui de mon fils... (Avec émotion.) Mon pauvre enfant!

LE SERGENT.

Oh! pardon, je vois que je vous fais de la peine.

BENOIT.

Non, non, au contraire. J'aime à parler de lui. Je l'ai perdu, il y a seize ans bientôt! Il était adjudant. Il avait un avenir superbe, car, je n'avais rien ménagé pour son instruction. Il a été tué par un éclat d'obus dans la campagne contre les Allemands. Il avait vingt-deux ans.

LE SERGENT.

Comment s'appelait-il?

BENOIT.

Il s'appelait Charles Ducange!

LE SERGENT (se levant).

L'adjudant Ducange! Mille millions de tonnerres! (Il se promène en ayant l'air de réfléchir.)

ROSSIGNOLET (prêtant l'oreille).

Je ne suis pas curieux, mais cette conversation devient diablement intéressante.

SCÈNE V

LES MÊMES, DENISE (Elle rentre sur la scène avec un tablier blanc tout propre et un petit bonnet de police au lieu de son chapeau d'uniforme; elle tient un saladier de fraises à la main).

DENISE.

Regardez, Rossignolet, les belles fraises. C'est moi qui les ai cueillies pendant que Mme Ursule était occupée à la cuisine. Et quel parfum! (Elle lui fait sentir.) Qu'en dites-vous?

ROSSIGNOLET.

Exquis! Mam'zelle Denise! Laissez-moi en goûter une?

DENISE.

Rien qu'une! (Il en prend deux ou trois.) Eh bien! ne vous gênez pas... Si je vous laissais faire, tout le saladier y passerait. (Il continue; elle rit.) J'appelle le sergent!... Sergent?

LE SERGENT (se levant).

Qu'est-ce que c'est, Mam'zelle Denise? Qu'est-ce qu'il y a pour votre service? (Rossignolet lui fait signe de ne rien dire.)

DENISE (regardant autour d'elle d'un air embarrassé).

Il y a... que... Ah! tenez, sergent, vous seriez bien bon de nous déboucher cette bouteille. (Elle lui met une bouteille et un tire-bouchon dans la main.)

LE SERGENT.

Oh! oh! très volontiers. (Il regarde l'étiquette.) Mille tonnerres! du *Johannisberg!* Rien que ça! C'est fameux! (Avec emphase.) Je m'y connais!... (Il débouche la bouteille et la place sur la table.) Vous n'avez plus besoin de moi?

DENISE.

Non, merci... Je vais achever de mettre la table.

LE SERGENT (se rapprochant de Benoît. Il s'arrête sur le devant de la scène).

(A part.) Il faut que j'achève la conversation de tout à l'heure. Quelque chose me dit que nous sommes ici sur une piste; je crois qu'un grrrand événement a l'air de se préparer pour cette petite que nous avons élevée, et les braves gens de la ferme des Trois-Sapins, car, ce sont des braves gens!... (Avec emphase.) Je m'y connais!... (A Benoît en lui frappant sur l'épaule.) Dites donc, l'ancien, si nous achevions de causer? Je ne peux pas rester assis, moi, j'ai comme des fourmis dans les jambes.

BENOIT (se levant).

A votre aise! je marcherai!

LE SERGENT (lui prenant le bras. Tous les deux se promènent de long en large sur la scène).

Donnez-moi le bras. Vous disiez donc qu'il s'appelait Ducange?... L'adjudant Ducange... Est-ce qu'il était marié?

BENOIT (en s'arrêtant).

Marié, oui, et père déjà d'une petite fille de quelques mois. La femme de mon fils suivait le régiment avec son enfant. Elle était souffrante, délicate, les fatigues l'ont achevée. Nous avons su qu'elle était morte deux jours après mon fils. Le curé du village, qui soignait les blessés, nous a écrit. Mais nous n'avons pas su si l'enfant existait. Personne n'a pu nous en donner de nouvelles. Une lettre de mon fils, que j'ai toujours conservée, nous avait annoncé, quelque temps avant, la naissance de son enfant. C'était une petite fille... Il était si heureux !...

LE SERGENT (se serrant la gorge).

Arrêtez! Cette histoire m'émotionne... extraordinairement. Quel âge aurait-elle cette enfant?

BENOIT.

Seize ans! oui! seize ans!

Pendant cette conversation Denise achève de mettre le couvert, Rossignolet a posé le saladier sur la table. Il retourne la salade.

SCÈNE VI

LES MÊMES, URSULE. (Elle rentre apportant un plat avec une omelette).

Je suis un peu en retard, il est plus de midi. Mais tout à l'heure, vous ne vous en plaindrez pas. Nos voisines ont su que nous avions des militaires chez nous, elles veulent nous envoyer quelque chose : Mme Jeanmaire un jambon, Mme Marchal un *kugelhoof*. (Elle pose le plat sur la table.) A table! Messieurs! Mademoiselle, à la droite de mon mari!

LE SERGENT (étendant la main).

Arrêtez! Un instant! Madame, pardon, si je rappelle un souvenir cruel! Vous aviez un fils?

URSULE (très émue, se rapprochant du sergent).

Oui, Monsieur, le voilà! (Elle montre le portrait.) Et...

LE SERGENT.

Oh! je sais, votre mari vient de tout me raconter... Mais l'histoire n'est pas finie... Votre fils avait une petite fille. Cette petite fille aurait seize ans aujourd'hui! (Denise très émue se rapproche et prête attention.) Il y a une Providence, allez! Je suis un vieux soldat, mais... (Il tire sa moustache. A part.) Mille tonnerres! Comment dire ça! Il ne faudrait pas que la joie vînt à tuer ces pauvres vieux! (A Denise.) Denise, mon enfant, raconte un peu à Monsieur et à Madame comment tu as été élevée?

DENISE.

Qui m'a élevée? C'est le régiment!

BENOIT.

Comment? Vous étiez orpheline?...

DENISE.

On m'avait trouvée, n'est-ce pas, sergent, sous un buisson?... C'est vous-même qui m'avez apportée au colonel.

URSULE (haletante).

Et l'on n'a pas su votre nom, mon enfant?...

LE SERGENT.

Une petite croix était attachée au cou de l'enfant... Elle était vieille déjà, elle avait dû être portée avant la naissance de la petite fille, mais, sur l'un des côtés, on avait gravé le nom de *Charles Ducange*. Cette croix, la voici!... Elle ne m'a jamais quitté! (Il sort une petite croix de son porte-monnaie.)

URSULE.

Dieu! je la reconnais! Mais alors... C'est elle!... Elle tend les bras à Denise.) Mon enfant!

BENOIT (serrant à son tour Denise).

La fille de mon fils!... Ma fille!...

DENISE.

Oh! quel bonheur! Oh! que je vais vous aimer! J'ai donc une famille! Les parents de mon père adoré! (Elle les embrasse de nouveau.)

URSULE.

Laisse-moi te regarder, mon enfant. Ces yeux-là ne m'avaient pas trompée. Tu es le portrait de ton père.

BENOIT.

Absolument! (Il lui serre la main.) Chère enfant!

ROSSIGNOLET (qui s'est rapproché du sergent).

(A part.) Sergent, j'ai envie de pleurer!

LE SERGENT (s'essuyant les yeux).

Tais-toi. Moi je ne pleure pas! De la dignité, mon garçon!

URSULE.

Quelle joie pour nos vieux jours de retrouver cette jeunesse pour égayer notre logis... car, tu vas rester avec nous, maintenant!

DENISE.

Oh! oui, madame!

BENOIT.

Appelle-la ta grand'mère, va!

DENISE.

Ma bonne grand'mère! Que c'est doux!

LE SERGENT.

Alors, adieu le régiment, mam'zelle Denise?

DENISE (lui tendant la main).

Eh! sergent! Pardonnez-moi! L'émotion me trouble... mais le régiment, oh! non, je ne l'oublie pas. (A ses grands-parents.) Ils ont été si bons pour moi, si vous saviez! Tous, des pères et des mères!... Ils m'ont élevée, gâtée, choyée... C'était à qui m'offrirait un bouquet quand c'était ma fête.

LE SERGENT.

Et éduquée donc! C'est moi qui lui ai appris l'orthographe et je m'en vante.

ROSSIGNOLET.

Les vieux quelquefois, je l'ai entendu dire, se privaient de leur tabac, pour offrir quelque *affiquet* à mam'zelle Denise.

DENISE.

C'est vrai! jamais, jamais je ne pourrai dire tout ce qu'ils ont fait pour moi...

LE SERGENT (à Benoît et à Denise).

C'était bien naturel, elle était notre enfant!

BENOIT.

Eh bien! le régiment sera notre famille aussi. Et quant à vous, sergent, voilà votre foyer quand vous voudrez vous reposer.

SCÈNE VII

LES MÊMES, PAYSANS ET PAYSANNES

(L'une d'elles portera un jambon, l'autre, le traditionnel *kugelhoof*).

URSULE.

Venez, venez, mes bonnes voisines. Je vous invite à fêter avec nous le grand bonheur qui nous arrive!

LE SERGENT.

Avec votre permission, Madame, un petit couplet avant de nous mettre à table; l'histoire restera pour le dessert, cela ne sera que plus intéressant. (Avec emphase.) Je m'y connais! (Il chante).

ROSSIGNOLET (allant prendre son tambour.)

(A part.) C'est le moment d'exercer mon talent.

LE SERGENT (en se dandinant, le poing sur la hanche).

(Air : *Tyrolienne.*)

Dans tous les régiments de France.
Chacun se bat avec vaillance.
Nos soldats sont la Providence
De l'orphelin
Sur le chemin!
La a a la (1), la a a la, la a a la, la a a la.

LE SERGENT ET ROSSIGNOLET.

Nos soldats sont la Providence
De l'orphelin
Sur le chemin!

DENISE (au sergent).

De mon cœur, la reconnaissance
En retour d'un bienfait immense,
Vous redit : Beaux soldats de France,
Qui vous verra
Vous aimera!
La a a la, la a a la, la a a la, la a a la.

CHŒUR.

Oui, partout, beaux soldats de France,
Qui vous verra
Vous aimera!

TOUS EN CHOEUR

Honneur aux régiments de France,
Chacun s'y bat avec vaillance,
Nos soldats sont la providence
De l'orphelin
Sur le chemin!

(1) L'air de cette tyrolienne est extrait de l'ouvrage : *Les Voix Matinales.* Pinatel, 18, rue Poissonnière, Paris.

La a a la, la a a la, la a a la, la a a la.
Honneur aux régiments de France,
Et chapeau bas.
Devant leurs pas!

Entre chaque *la a la,* Rossignolet fera entendre un roulement de tambour.

Pendant le chant, Denise sera debout au milieu de ses grands-parents qui lui tiendront la main, le sergent, à la droite d'Ursule, et Rossignolet, à côté de Benoit. Les voisins et voisines seront groupés autour des acteurs.

Les hommes lèveront leur chapeau en l'air à la fin du dernier couplet.

(*La toile se baisse.*)

FIN DU DEUXIÈME ET DERNIER ACTE

TABLE DES MATIÈRES

NOTA. — Dans presque toutes les pièces ci-dessus, et en dehors des personnages annoncés, on pourra faire venir, sur la scène, autant de figurants qu'on le désirera.

Imp. A. BELLIER ET Cie. 18, rue de Valois.

www.ingramcontent.com/pod-product-compliance
Ingram Content Group UK Ltd.
Pitfield, Milton Keynes, MK11 3LW, UK
UKHW020304230726
13925UKWH00001B/205